해결사 윤준병의 해결하는 정치

해결사 윤준병의 해결하는 정치

"해결하는 정치가 좋은 정치입니다!"

윤준병 지음

21세기북스

추천사

더불어민주당 대표 **이 재 명**

정치의 가장 중요한 책무는 국민의 삶의 문제를 해결하는 것이다. '좋은 정치는 해결하는 정치'라는 윤준병 의원의 이야기에 가슴 깊이 공감할 수밖에 없는 이유다. 이 책에는 시민과 함께 공감하며 지역의 현안을 해결해온 윤준병 의원의 헌신과 열정의 시간이 진솔하게 담겨 있다. 윤준병 의원의 경험과 소신이 국민과 대한민국의 미래를 위해 더 크게 쓰일 수 있기를 기원한다.

제46대 국무총리 **정 세 균**

내가 아는 윤준병 의원은 그 누구보다 원칙과 소신이 뚜렷한 사람이다. 특유의 강직함과 진솔함 덕분에 원치 않는 오해도 많이 받았다. 하지만 원칙과 소신을 지키기 어려운 세상에서 윤준병 의원이 얼마나 어렵고 외로운 길을 걸어왔는지를 나는 알고 있다. 책에는 예상했던 대로 내가 아는 윤준병 의원의 모습이 그대로 투영되어 있었다.

묵은 현안을 해결해낸 부분은 매우 인상적이었다. 국회의원이 할 일은 수없이 많지만 오래된 숙원사업이야말로 꼭 해결해야 할 중요한 소임 중 하나다. 특히 '내장저수지 국립공원 보호구역 일부해제', '노을대교 건설'과 같은 난제들을 단 4년 만에 해결한 윤준병 의원의 저력은 실로 놀라웠다. 오랜 공직생활을 통해 쌓아온 역량과 지역에 대한 애정이 있었기에 가능한 일이라고 생각한다.

공천에 대한 생각 역시 그다웠다. 사실 공천관리위원장이라는 자리는 잘해도 욕을 먹는 자리이다. 영광의 개선로가 아닌 고난의 가시밭길이기에 모두가 피하는 자리이기도 하다. 그런데 그가 보여준 원칙과 혁신에 대한 소신은 남달랐다. "과거를 답습해서 쉬운 길로 갈 것인가 아니면 혁신을 통해 어려운 가시밭길을 갈 것인가를 선택해야 했다"라고 소회한 부분을 읽으며 그의 고뇌를 조금이나마 헤아릴 수 있었다.

독일의 사상가 막스 베버는 정치인에게 가장 중요한 것은 책임윤리라고 했다. 문제를 해결하는 유능함이야말로 정치인이 우선적으로 갖춰야 할 덕목이라 본 것이다. 책 곳곳에는 오직 정읍·고창 주민들만을 생각하는 '해결사 윤준병'의 모습이 잘 녹아 있다. 지역발전을 위해 달려온 윤준병 의원의 지치지 않는 열정이 정읍·고창 주민들께 가감 없이 전해지길 바란다.

여는 말

해결해야 좋은 정치

"긍께 정치를 워뜨케 하겄다는 것이여?"

후보자 시절, 행사장에서 만난 한 어르신이 대뜸 내게 질문을 던졌다.

갑작스러운 물음에 선뜻 대답을 못하자, 어르신이 답답하다는 듯이 말했다.

"요것이 문제다 저것이 문제다 백날 천날 말만 하면 무신 소용이여! 정치인들은 허구헌 날 말만 하구! 제대로 해결하는 것이 있어야 할 것 아니여! 제대로 해결하는 것이!"

그날 어르신의 말씀은 나를 일깨웠다.

누구에게나 말은 쉽다. 그러나 정치에 필요한 것은 어르신 말씀대로 말이 아니라 행동이다. 그렇다면 좋은 정치는 말이 아닌 행동으로 사람들의 어려움을 해결해야 좋은 정치가 아닐까?

'해결해야 좋은 정치!'

그날 이후, 내 생각은 오직 한 가지였다.

내가 정읍·고창 주민의 선택을 받는다면, '정치인 윤준병'이 아닌 '해결사 윤준병'이 되어 '해결하는 정치'를 하겠노라고. 적어도 어르신의 말씀처럼 허구한 날 말만 하는 정치인이 되지는 않겠다고 다짐했다.

2020년 4월 15일. 70%에 육박하는 정읍·고창 주민들의 압도적인 성원과 높은 지지를 받아 당선되고 3년이 넘는 시간이 흘렀다. 내게 지난 시간은 오직 정읍·고창의 산적해 있는 묵은 현안을 해결하는 시간이었다.

오랜 시간 해묵은 현안과 지켜지지 않은 약속을 해결하

는 과정은 쉽지 않았다. 그러나 하나둘씩 문제를 해결하고 그 결과를 보고 기뻐하는 사람들을 볼 때면 더없는 보람을 느꼈다. 문제를 해결하면서 내가 배운 것은 문제를 해결하면 변화가 가능하단 확신이었다.

지난 시간 동안 해결한 모든 현안은 나 혼자서 해결했다고 할 수 없다. 많은 사람의 도움이 있었기에 가능한 일이었고, 함께 했기에 외롭지 않았다. 이 책을 빌려 정읍·고창의 변화를 위해 힘써주신 모든 분께 진심으로 감사드린다. 더불어 앞으로도 끝나지 않은 이 길에 함께 해주시길 다시금 부탁드린다.

이 책을 정읍·고창 주민 여러분께 바치며 다짐한다.

윤준병의 정치는 언제나 그랬듯, 앞으로도 '해결하는 정치'가 될 것이라고.

제3장 입법과 예산으로 해결할 수 있다면
입법과 예산으로 해결했습니다

제4장   해결사의 생각
해결사는 생각합니다

제1장

해결사를
꿈꾸다

입암면 산골 소년에서
정읍·고창 해결사가 되기까지

곡우 같은 사람

어릴 적 나는 해결사가 되고 싶었다.

해결사가 되어 우리 집 가난을 해결하고, 고생하시는 부모님을 호강시켜 드리고 싶었다. 어린 나이에 다른 집 형, 누나들처럼 돈을 벌 수도 없었던 나는 매일 밤낮으로 고생하시는 부모님을 보며 하루빨리 어른이 되고 싶단 생각을 했다.

어린 시절 우리 집은 입암면 우리 마을 대다수가 그렇듯 농사를 지었다. 증조부 때까지만 하더라도 번영했던 우리 집은 조부의 잘못된 선택으로 큰 빚을 지며 어려워졌다고 했다. 학교 선생님이었던 아버지는 학교 일과 농사일을 병행하느라 하루도 쉬는 날이 없었고, 고창 상하면에서 가난한 종갓집으로 시집와 집안일과 농사일을 한 어머니의 고생도 이루 말할 수 없었다.

누가 가르쳐주지 않아도 집안 사정을 알 수 있었기에 우리 형제들도 군말 없이 농사일을 거들었다. 학교에 다녀오자마자 망태 메고 논둑으로 가서 소 먹일 꼴을 베고, 보리밭에서 이삭을 줍고, 논밭으로 깡통 들고 새 보러 가는 것이 일상이었다. 농사일은 고단했지만, 부모님의 고생에 비하면 아무것도 아니었다.

온 가족이 거들어도 집안 살림은 쉬이 나아지지 않았다. 밥상에는 여전히 쌀밥보다 보리 나물죽이 오를 때가 많았지만 우리 형제 누구도 불평하지 않았다. 일 년 중 쌀밥을 마음 놓고 먹을 수 있었던 날은 모 심는 날이었다. 모 심는 날이 되면 학교도 못 가고 모를 심었다. 어른들이 못줄에 맞춰 모를 심으면 뒤에서 얼른얼른 못단을 날라줘야 했다. 모 심는 날은 일한 뒤의 밥맛이 얼마나 맛있는지를 알게 해준 날이었다.

어머니가 못밥을 광주리에 그득 이고 가면 나는 시원한 우물물이나 달착지근한 감주가 든 노란 주전자를 들고 어머니 뒤를 따랐다. 출렁출렁 넘칠 듯 가득 담은 주전자를 들고 논으로 나가면 동네 어른들이 나를 유난히 반기셨다. 꿀꺽꿀꺽 목 넘김 소리 뒤에 터져 나오는 시원한 탄성을 들으면 나까지 갈증이 해소되는 것 같았다.

"준뱅이가 가지고 와서 긍가 겁나 시원하구만!"

"여까지 들고 오느라 욕봤다잉."

동네 어른들의 칭찬을 받으면 마음이 흡족했다. 누군가에게 도움이 되었다는 사실이 뿌듯했다.

곡우(穀雨) 즈음이었다. 어머니가 논으로 일하러 나가시고 얼마 후 하늘에서 갑자기 빗방울이 떨어지기 시작했다. 나는 어머니가 비를 맞을 것이 걱정돼 서둘러 비료 포대 자루를 찾아 논으로 나갔다. 저 멀리 비를 맞고 오시는 어머니를 보자 한달음에 달려갔다.

"어무니!"

어머니께 서둘러 비료 포대 자루를 건네자, 어머니가 환한 웃음을 지어 보이셨다.

"어무니 비 맞는다고 나온 것이여?"

"빨리 나온다고 혔는디⋯."

비를 맞은 어머니를 걱정스럽게 바라보자, 어머니가 괜찮다며 내 어깨를 감싸 안았다.

"되얐다. 우리 아들이 이렇게 나왔응께 되얐어."

어머니랑 나란히 비료 포대 자루를 쓰고 집으로 돌아가는 길. 어머니는 내리는 비를 보고 내게 말씀하셨다.

"그랴도 곡우 때 이렇게 비가 와서 참말로 다행이다."

안도하듯 말하는 어머니의 말에 내가 말했다.

"곡우에 비가 오면 왜 다행이여요?"

"예부터 어른들이 곡우에 비가 오면 풍년이 든다 하셨는디. 인자부터 못자리하느라 사방천지에 물이 필요할 텐디. 이렇게 비가 와주니 을마나 고마우냐."

어머니의 말을 듣고 보니, 어머니를 젖게 한 야속한 비가 새삼 다르게 보였다.

"엄니는 말이다. 우리 준병이가 이다음에 이 곡우 같은 사람이 됐으면 헌다. 꼭 필요할 때 내려서 사람덜을 이롭게

하는 이 곡우처럼. 어려운 사람들 도와주는 그런 큰 사람이
되든 참말로 좋겠다."

어머니의 말씀은 그날 내리던 봄비처럼 내 마음에 스며
들었다. 입암면 산골 소년에게 꿈이 생긴 날이었다.

지금도 봄비가 오면 어머니와 비료 포대 자루를 쓰고 걸
어오던 그날을 떠올린다. 본인은 비를 맞아도 자식에겐 비료
포대 자루를 다 내어주셨던 어머니. 그때를 생각하면 마음에

차가운 겨울이 물러가고 봄이 오는 기분이 든다.

어릴 적 나의 꿈은 공무원도, 국회의원도 아니었다. 어머니의 표현을 빌리자면, 곡우 같은 사람. 다른 사람에게 도움이 되는 사람이 되고 싶었다. 세월이 지난 지금도 나의 꿈은 똑같다. 꼭 필요할 때 내려서 기름진 옥토를 만들고 풍년을 가져오는 곡우처럼. 나는 곡우 같은 사람이 되고 싶다.

해결사 윤선생

어린 시절 나의 아버지는 해결사였다. 가난한 집안의 열세 형제의 장남이었던 아버지는 집안을 일으키고 처자식을 건사한 가장이었다. 집안의 기둥 역할을 하시던 증조부가 돌아가신 후 아버지는 빚쟁이의 독촉을 받으면서 집안을 지탱하기 위해 어머니와 안간힘을 쓰셨다.

일찍부터 집안 건사는 남의 일이었던 아버지와 아버지의 자유분방한 삶으로 생긴 두 어머니, 열두 명의 동생들, 아내와 다섯 자식, 그 무거운 짐을 묵묵히 진 사람이 나의 아버지였다.

아버지는 월급날이면 우리 형제들을 불러 모아 돈이 어디에 쓰이는지 알려주셨다. 빚으로 학비로 제사로 동생들 뒷바라지로 우리 눈앞에서 한 장 한 장 세어진 돈이 사라지면 아버지 손에는 한 푼도 남아 있지 않았다. 그래서 아버지는 그 흔한 술 한잔도 드시지 않았다.

집안의 대소사가 있어도 결정을 내리는 사람은 가장인 아버지였다. 집안에서 중요한 일이 있으면 친척들은 모두 아버지를 찾아왔다.

우리 집안의 해결사였던 아버지는 우리 마을의 해결사이기도 했다. 시골에서 드물게 법대를 나와 평생 교직에 계셨던 아버지는 마을 사람들에게는 없어서는 안 될 존재였다.

"윤 선생님! 윤 선생님 계시요!"

우리 집 댓돌에는 언제나 아버지를 찾아온 손님들의 신발이 가득했는데, 아버지께 공부를 물으러 오는 학생들부터 진학 상담을 하러 온 학부모들과 마을 어르신들까지. 아버지가 집에 계실 땐 언제나 집안에 사람이 끊이질 않았었다.

아버지를 찾아오시는 분들은 대개 아버지께 서류 작성을 부탁하시거나, 아버지의 자문이 필요하신 분들이었다. 나는 진학원서, 입사지원서, 신원 증명서를 비롯해 관공서에 필요한 그 많은 서류를 완벽하게 만들어 내고, 분야를 불문하고 어떤 문제든 답을 척척 내놓는 아버지가 신기했다.

때때로 아버지께 도움을 받은 사람들은 아버지께 감사를 표하기 위해 손수 농사지은 농산물이나 귀한 계란 등을 가져오시곤 했는데, 아버지는 그마저도 돌려보내기 일쑤였다.

동네 사람들은 그런 아버지를 보고 늘 말씀하셨다.
'사람이 집안만 받쳐줬어도 더 큰 사람이 되얐을 턴디.'
라고 말이다.

하루는 손님을 배웅하고 들어서는 아버지께 물은 적이 있었다.

"아부지, 한두 번도 아니고 매번 귀찮지도 않으세요?"

"남의 일이 아니라 내 일이라 생각하면 귀찮을 것도 없다."

일말의 고민도 없는 대답이었다. 나는 아버지의 말이 이해가 안 돼 아버지께 되물었다.

"아부지 일이 아니잖아요."

"왜 내 일이 아니냐, 우리 마을 일인데."

아버지는 내 머리를 쓰다듬으며 말씀하셨다.

"준병아. 나만 잘사는 것은 다 소용없는 것이다. 다 같이 잘살아야지. 우리 가족은 물론이고 옆집 아저씨부터 준병이네 친구들까지. 아부지가 그 조금 도와줘서 모두가 다 같이 잘 살 수 있으면 얼마나 좋으냐."

그때는 아버지의 말씀을 이해할 수가 없었다. 하지만 지금은 그 누구보다도 아버지의 말씀을 이해한다. 공직에 있을 때부터 국회의원이 된 지금까지. 나의 일은 아버지가 그랬듯 사람들의 어려움을 듣고 그 어려움을 해결해 주는 일이었다.

매일매일 수많은 민원을 상대하다 보면 어느 순간 민원

에 무감해지는 순간이 온다. 그때마다 나는 아버지 말씀을 떠올렸다.

'남의 일이 아니라 내 일이라 생각해라'

그렇다. 아버지 말씀처럼 남의 일이 아니라 내 일이라 생각하면 마음가짐이 달라진다. 비단 민원뿐만 아니라 세상 모든 일이 그렇다. 주인의식을 가지고 임하는 일은 결과가 다를 수밖에 없다.

어린 시절부터 나이를 먹어 성인이 된 순간까지. 아버지는 늘 내게 가르침을 주신 분이었다. 자신이 가진 것을 아낌없이 베풀고 나누면서도 자신에겐 값싼 새마을 담배 한 갑만 허락하신 분이 나의 아버지였다.

지금도 인생의 난제를 맞닥뜨릴 때면 나는 아버지를 생각한다. 아버지라면 어떻게 하셨을까 하고 생각하다 보면 어렵지 않게 답을 찾을 때가 많다. 아버지는 살아계셨을 때나 돌아가신 이후에도 나의 스승이셨다.

해결해야 좋은 정치

공직 생활 36년째에 접어들 무렵이었다. 더불어민주당에서 21대 총선 후보로 영입 제안이 왔다. 예상치 못한 일이었다. 36년간 공무원을 천직으로 삼고 살았기에 거듭되는 주위의 권유와 요청이 난감했다.

하지만 서울시 최고 정책가로서 서울을 바꾼 행정 경험과 능력을 바탕으로 고향인 정읍·고창에 변화의 새바람을 불러일으켜 보라는 강력한 권유에 '정치의 세계'에 첫발을 내디뎠다.

36년 공직 생활을 마치고 정치에 도전했을 때 내가 가장 먼저 했던 일은 사람을 만나는 일이었다. 평생 사람을 만나며 사람에게서 답을 찾았었기에 정치에 입문해서도 마찬가지였다. 공직과 정치가 같은 점이 있다면 결국 사람을 위한 일이었기 때문이었다.

공직자 시절부터 사람을 만날 때는 늘 가슴팍에 필기도구를 지니고 다녔다. 그 사람이 하는 말이나, 기억해야 할 것

지역주민의 이야기를 들으며

민원을 적은 메모

들을 잊지 않기 위해서였다. 지역에 내려와서 사람을 만날 때
도 마찬가지였다.

　지역주민을 만나서 이야기를 들을 때면, 가슴팍에서 필
기도구를 꺼내 중요한 말들을 적고 메모를 다시 가슴팍에 간
직했다. 열심히 메모한 수첩을 가슴팍에 넣을 땐 마음은 든든
했고, 가슴은 뜨거웠다.

지역을 돌면서 주민들을 만나면서 좋았던 점은 주민들의 날것의 목소리를 들을 수 있다는 것이었다. 온종일 정읍·고창을 누비고 다니다가 지친 몸을 이끌고 집으로 돌아오면, 가슴팍에 담아두었던 정읍·고창 주민들의 말을 꺼내 보았다. 수첩에는 정읍·고창 주민의 민심이 담겨 있었다.

작게는 개인적인 민원부터 크게는 정읍·고창 문제까지 많은 이야기가 있었으나 결론은 하나였다. 정읍·고창 주민들

지역주민께 인사드리는 모습

은 변화를 원하고 있었다. 주민들은 실현될 수 없는 헛된 공약이 아니라, 실현될 수 있는 참된 공약을 원했다. 공약을 세우면서 고민이 깊어졌다.

그러던 어느 날이었다. 행사장에서 지역주민께 인사를 드리던 내게 한 어르신이 대뜸 질문을 던졌다.

"긍께 정치를 워뜨케 하겠다는 것이여?"

갑작스러운 물음에 선뜻 대답을 못하자, 어르신이 답답하다는 듯이 말했다.

"요것이 문제다 저것이 문제다 백날 천날 말만 하면 무신 소용이여! 정치인들은 허구헌 날 말만 하구! 제대로 해결하는 것이 있어야 할 것 아니여! 제대로 해결하는 것이!"

어르신 말씀을 듣고 보니 모두 옳은 말이었다.

"어르신 말씀이 맞습니다. 문제가 있으면 해결을 해야지요."

어르신의 말씀에 공감하자, 이번에는 어르신이 당황한 듯 나를 바라보았다.

"어르신, 저한테 정치를 어떻게 하겠느냐 물으셨지요? 저는 평생 서울시에서 공직 생활을 하며 시민의 어려움을 해결해 주며 산 사람입니다. 이번에 당선이 되면 저는 이제껏 해왔던 것처럼 해결하는 정치를 할 것입니다."

그날 어르신의 말씀은 나를 일깨웠다.

누구에게나 말은 쉽다. 그러나 정치에 필요한 것은 어르신 말씀대로 말이 아니라 행동이다. 그렇다면 좋은 정치는 말이 아닌 행동으로 사람들의 어려움을 해결해야 좋은 정치가 아닐까?

'해결해야 좋은 정치!'

그날 이후, 내 생각은 오직 한가지였다.

내가 정읍·고창 주민의 선택을 받는다면, 나는 '정치인 윤준병'이 아닌 '해결사 윤준병'이 되어 '해결하는 정치'를 하겠노라고. 적어도 어르신의 말씀처럼 허구한 날 말만 하는 정치인이 되지는 않겠다고 다짐했다.

2020년 4월 15일. 나는 70%에 육박하는 정읍·고창 주민들의 압도적인 성원과 높은 지지를 받아 21대 국회의원에 당선됐다. 정읍시 입암면 산골 소년이 정읍·고창 해결사의 임무를 맡게 된 순간이었다.

실제로 국회의원에 당선된 이후 내겐 수많은 임무가 주어졌다. 대한민국의 묵은 현안인 개혁 과제를 완수해야 했으며, 벌어질 대로 벌어진 사회 양극화를 해소하는 정책을 만들고 실현해야 했다.

또한, 수도권과 지방, 도시와 농촌의 지역 격차도 줄여야 했으며, 우리가 사는 지역의 묵은 현안도 해결하고, 살기 좋은 지역을 만들기 위해 일자리를 창출하고 생활환경을 개선하며 주민 안전도 강화해야 했다.

이외에도 민생법안을 만들고 첨예한 이해관계를 조정해 이를 법안으로 통과시키는 일, 한정된 국가 예산을 민생을 살리는 적재적소에 배정하는 일, 예산이 제대로 쓰이는지 점검하는 일, 국민의 목소리를 대변하는 일 등 어느 하나 허투루 넘길 수 없는 막중한 책무가 끊임없이 잇따랐다.

이 모든 임무 중 어느 하나 중요하지 않은 것이 없었지만, 내가 가슴에 품고 가장 중요하게 생각한 것은 언제나 하나였다. 주민들의 어려움을 '해결하는 정치'가 좋은 정치라는 사실이다.

찾아가는 정치의 시작 '토방청담(土訪聽談)'

국회의원에 당선된 이후, 나는 늘 허례허식을 경계했다. 국회의원의 상징과도 같은 금배지도 잘 달지 않았다. 사무실에 편하게 입고 출근할 때면 보다 못한 보좌진이 정장을 입을 것을 권할 정도였다.

국회의원실도 마찬가지였다. 국회의원실 문턱을 낮추기를 넘어 없애고 싶었다. 정읍시와 고창군에 있는 지역사무실을 찾아오기 쉬운 곳에 차리고, 명절을 제외하곤 매일 열기로 한 이유도 그래서였다. 지역사무실을 평일, 주말 상관없이 정읍·고창 주민이라면 누구나 언제든지 찾아올 수 있는 곳으로 만들고 싶었다.

정읍·고창 주민이 어려움이 있으면 언제든 고민 없이 찾아올 수 있는 곳. 읍내 나오신 어르신이 일없이 들러 목을 축일 수 있는 곳. 회의 공간이 필요한 지역주민들이 부담 없이 모여 지역의 이야기를 나눌 수 있는—어린 시절 아버지의 사랑방이 그랬듯—나는 지역사무실이 '지역 사랑방'이 되길 바랐다.

문제는 코로나19(코로나바이러스감염증-19)였다. 후보자 시절부터 문제였던 코로나19는 당선이 돼서도 마찬가지였다. 계속되던 코로나19는 우리의 일상까지 바꾸고 있었다. 국회에선 사상 초유의 화상 의원총회가 열렸고, 지역 행사는 비대면으로 치러지거나 취소되는 일이 빈번했다. 주민과의 거리를 좁히고 싶었지만, 방역을 위해 거리를 두는 방법을 고민해야 하는 때였다.

국회 등원 1년이 되고 코로나19도 안정세에 접어들던 무렵이었다. 평소와 달리 유난히 지역사무실이 한적했다. 갑작스러운 한적함에 이유를 찾아보니 농촌이 한창 바쁜 모내기철이었다. 한적한 지역사무실을 바라보다가 문득 후보자 시절 마을별 경로당을 방문했던 때가 떠올랐다.

'주민들이 찾아올 수 없다면, 내가 찾아가면 되지 않을까?'

그 즉시 보좌진과 '찾아가는 국회의원실'을 만들기 위해 회의를 거쳤다. 국회 일정이 없는 토요일이 제격이었다. 정읍시 23개 읍면동과 고창군 14개의 읍면을 차례대로 방문할 계획을 세웠다. 나는 이번 방문이 국회의원의 권위적인 간담회가 아니라 정읍·고창 주민과 정담을 나누는 시간이 되길 바랐다.

토요일에 토방에서 정담을 나누듯 이야기하는 시간이라는 의미로 '토방청담(土訪聽談)'이라 이름을 붙였다. 윤준병의 찾아가는 정치의 시작이었다.

처음 토방청담을 시작한다고 했을 때, 선거기간도 아닌데 국회의원이 지역을 도는 것을 사람들은 의아해했다. 지역을 대표하는 국회의원이 지역을 방문하는 일이 '선거철'에나 하는 일로 굳어진 것을 보며, 우리 정치의 현주소를 확인한 것 같아 씁쓸했다.

2021년 6월 8일. 나는 정읍시 내장상동에서 첫 토방청담을 개최했다. 내장상동 교통공원에서 시작한 토방청담은 그날 따뜻하게 불어오던 봄바람만큼이나 성공적이었다. 도·시의원님들과 협의회장님을 비롯한 많은 당직자 여러분의 도움으로 진행된 토방청담엔 생각보다 많은 주민 여러분이 찾아주셨다.

기대와 설렘으로 시작한 토방청담엔 내 생각보다 많은 의견이 나와 시작하길 잘했다는 생각이 들었다. 토방청담이 끝나곤 지금까지 이런 국회의원은 없었다며, 앞으로도 이런 자리가 많이 생겼으면 좋겠다는 이야기를 해주셨다. 주민 여러분의 칭찬은 감사했지만, 국회의원으로서 당연한 일을 한 것인 것을 알기에 마냥 웃을 수만은 없었다.

토방청담 시작 전 주민들을 맞이하며

동 지역 순회가 마무리될 무렵. 순풍을 타고 나아가던 토
방청담에 위기가 찾아왔다. 코로나19 4차 대유행이 시작된
것이다. 현행 거리 두기 최고 단계인 4단계로 격상되며 상황
이 심각해지자, 예정된 토방청담을 잠정 연기할 수밖에 없었
다. 잠시 쉬어가면서 그동안의 민원을 정리하고 해결하는 시
간을 갖기로 했다. 아쉬웠지만 정읍·고창 주민의 건강보다 중
요한 것은 없었다.

토방청담이 다시 시작된 것은 그로부터 3개월이 지난 후였다. 이번에는 지난 토방청담에 방문하지 못한 면 지역을 방문하기로 했다. 예정 시간보다 일찍 면사무소에 도착해 주민들에게 인사를 드리는데 뜻밖의 이야기가 들렸다.

"아니, 높으신 분이 여까지는 뭔 일로 왔당가요?"

냉담한 어르신의 말씀에 서둘러 어르신 손을 맞잡으며 변죽 좋게 인사했다.

"어르신 뵙고 이야기 나누러 왔습니다."

"선거할라믄 아즉 멀었지 않소?"

내 손을 뿌리치고 면사무소로 들어서는 어르신을 보며 쉽지 않다는 것을 체감했다. 지역에 해묵은 현안만큼이나 정치에 대한 불신은 깊어져 있었다. 정치인이 얼굴을 비추는 것은 선거철뿐이라는 인식이 팽배해진 지역에서 처음부터 나의 진심이 통할 리가 없었다.

토방청담을 시작하고 민원을 받기 시작하자, 예상보다 많은 분이 여기저기서 손을 들기 시작했다.

"동네 인근 축사서 악취가 나는디, 이건 뭐 말로 설명이 안 됩니다. 악취 때문에 살 수가 없습니다."

토방청담 중 주민들의 민원을 청취하며

"동네 입구에 화물차들이 불법주차를 너무 많이 해서 위험합니다. 인근 시 부지에 공영차고지를 설치해서 불법주차 문제와 주민 안전 문제를 해결해 주십시오."

"용수로가 노후 돼가꼬 물이 없어 이거 농사를 지을 수가 없습니다."

"우리 마을부터 하천 폭이 좁아져서 범람 피해가 심각합니다. 하천 폭을 넓혀야 합니다."

쏟아지는 민원에 내 손이 바빠졌다. 민원들을 하나씩 체크하고 나는 자리를 박차고 일어났다.

"여러분들의 말씀 잘 들었습니다. 이제 현장으로 같이 가서 한 번 봅시다!"

갑작스러운 나의 말에 장내가 어수선해졌다. 민원인을 앞세워 현장으로 향하자, 문제가 확실히 들어왔다. 역시 백 번 듣는 것보다 한 번 보는 것이 좋았다. 현장을 보니 민원인이 말했던 문제가 한눈에 들어왔다. 현장을 둘러보고 면사무소로 돌아가는 길, 내 손을 뿌리쳤던 어르신께서 내게 다가와 말했다.

"얼굴이나 비출라고 온 줄 알았드만! 일할라고 온 것이었고만?"

토방청담 후 민원 현장 방문

"일도 하고 어르신도 뵈러 온 것이지요."

"거 사람 참!"

헛기침하며 가시는 어르신을 보며 괜스레 웃음이 났다. 토방청담을 끝낸 이후론 후보자 시절처럼 그 지역 경로당을 방문하기로 했다. 경로당에 삼삼오오 모여계시는 어르신들께 큰절을 올리고, 불편한 점이 없으신지를 찾아 물었다.

"내 평생 국회의원은 테레비서나 보는 줄 알았는디… 우리 국회의원님이 이런 마을까지 찾아 댕기는 것은 첨 봤소.

토방청담 후 지역 경로당 방문

나가 이 마을서 나고 자랐는디, 우리 마을까지 온 국회의원은 우리 의원님이 첨이요."

처음 경로당을 방문하면 많은 어르신이 당황하시지만, 시간이 지나면 아들이 온 것처럼 편하게 대해주시며 이야기 보따리를 풀어내신다. 어르신들과 이야기를 나누다 보면 시간 가는 줄을 모를 때가 많다. 그렇게 시간을 보내고 나면 언제나 경로당을 들어설 때마다 나설 때가 힘들었다.

"큰일 허느라 고생이 많소. 살펴 가시오."

"어머님, 건강하셔야 합니다."

"이 늙은이 걱정일랑 말고. 나랏일 걱정이나 혀시오."

구태여 마중을 나오시는 어르신들을 볼 때면 부모님이 떠올라 괜스레 목이 메었다.

내가 토방청담에서 경로당 방문이나 주변 상권 등의 방문을 고집했던 이유는 한가지였다. 바로 현실을 알기 위해서였다. 경로당을 가보면 우리의 현재 노인복지 상황을 알 수 있다. 경로당 관리비가 얼마인지, 냉난방비 지원은 어떠한지를 눈으로 보고 귀로 들을 수 있다. 주변 상권과 복지시설도 마찬가지다. 주변 상권을 돌아봐야 물가가 어떤지를 알 수 있고, 복지시설을 가봐야 무슨 지원이 필요한지를 알 수 있다.

간혹 TV를 보면 정치인들이 버스요금이나 택시 기본요금을 묻는 말에, 현실에 동떨어지는 답변을 할 때가 있다. 황당하다 못해 분노를 일으키는 그런 장면을 볼 때마다 나 역시 분노를 금치 못했던 기억이 있다.

나는 정치인은 현실에 발을 딛고 있어야 한다고 생각한다. 인간은 현실에 둔감해질수록 과감해지기 쉽기 때문이다. 현실을 모르면 복지예산 삭감이 과감해지고 쉬워진다. 하지만 그 현실을 알게 되면 그 무엇도 쉽게 할 수가 없다.

토방청담을 하지 않았더라면 나는 우리 지역의 배수로가 어떠한지, 주차난이 어떠한지, 축산악취가 얼마나 심한지, 농업용수 공급은 어떤지, 농로가 어디가 좁고, 어디가 홍수가 잦은지 알 수 없었을 것이다.

2023년에는 온라인 소통 창구가 필요하다는 이야기를 듣고 온라인 토방청담을 시작했다. 지역의 유명 커뮤니티 활동이 바로 그것이다. 정읍·고창의 유명 커뮤니티 활동을 시작하면서 가장 좋았던 점은 언제 어디서나 우리 지역주민들의 이야기를 들을 수 있다는 것이었다. 기존의 개인 페이스북 활동과 지역 커뮤니티 활동에 다른 점이 있다면 지역 커뮤니티 활동은 내가 지역주민 여러분께 한 발짝 더 가까이 다가가 소통한다는 점에 있었다.

혹자는 나의 이러한 행보를 국회의원이 시의원이 할 일까지 간섭한다고 깎아내렸다. 하지만 나는 그에게 묻고 싶다. 지역을 대표하는 국회의원이 지역 일을 터부시하는 것이 맞는 건지. 또 지역 일에 네 일과 내 일을 나누는 것이 정녕 옳은 일인지 말이다.

누가 뭐래도 나는 '해결하는 정치'를 위해 '토방청담'을 계속할 것이다.

어디선가 누군가에 무슨 일이 생기면 틀림없이 나타나는 '해결사'처럼 말이다.

제2장

해결사
출동하다

정읍·고창의 묵은 현안을
속 시원하게 해결했습니다

공을 들여야 운이 온다

내장저수지 국립공원 보호구역 일부 해제

"윤의원은 참 운이 좋은 사람이야."

내장저수지 국립공원 보호구역 해제와 노을대교 건설 문제가 해결된 후 지역 고문님께서 말씀하셨다. 평생 운과 거리가 먼 인생을 살았었기에 고문님의 칭찬이 낯설게 느껴졌다. 운이 좋다는 말씀은 내심 기분이 좋았지만, 정확히 말해 '내장저수지 국립공원 보호구역 해제'와 '노을대교 건설'은 운이 좋아서 해결된 문제가 아니었다.

운이라는 단어를 거꾸로 하면 공이 되듯이. 나는 운(運)을 기대하기 위해선 공(功)을 들여야 한다고 생각한다. 사람이 해야 할 일을 다 하고, 하늘의 명을 기다리는 것(盡人事待天命)이 순리 아니겠는가.

정읍의 20년 묵은 현안 사업인 '내장저수지 국립공원 보호구역 해제' 문제는 해묵은 시간만큼이나 많은 공이 필요한 문제였다. 쉽지 않은 일이었다. 그러나 쉽지 않은 일이라 할수록 내 안에선 도전정신이 샘솟았다. 나는 오랜 행정 경험으로 이 일의 답은 현장에 있다고 생각했다. 실무책임자인 담당 과장의 입장에서 문제에 접근하면 답을 찾을 수 있을 것 같았다.

생각이 정리되자 사람을 모았다. 자리에는 내장산 국립공원사무소, 정읍시 관계자는 물론이고 이 문제를 십 년도 넘게 논의해 왔던 유춘영 당원협의회장도 함께했다. 이 회의에서 목표는 하나였다. 역지사지(易地思之)로 '담당 과장의 입장에서 해제를 결심함에 지장이 없게 만들어 주는 것'이었다. 회의는 성공적이었다. 유춘영 당원협의회장은 회의장을 나서면서 말했다.

"진작 이렇게 했어야지. 이제 속이 시원하네!"

국립공원 보호구역 해제를 위해선 가장 먼저 내장저수지 생태 등급을 조정하는 실무작업이 필요했다. 내장저수지는 과거 식수원으로 사용됐었기에 생태 등급 1등급을 유지하고 있었다. 그러나 확인해 보니 내장저수지는 이미 오래전에 상수원 보호구역에서 해제되어 있었다.

그렇다면 남은 것은 내장저수지 생태 등급을 하향 조정하고, 국립공원 내에서 내장저수지를 대체할 부지를 확보하는 것이었다. '어디가 내장저수지를 대체할 수 있을까?' 지도를 보며 고민하던 그때 보물을 찾았다.

산 안에 숨겨진 것이 무궁무진하다 하여 내장(內藏)이라 이름 붙은 내장산에는 이름처럼 보물이 있었다. 내장산 국립공원 서쪽에 인접한 '월영습지'였다. 월영습지는 생물의 종도 다양하고 보전 가치가 높아 2014년 국가 습지 보호지역으로 지정된 곳이다.

게다가 월영습지는 환경부에서 국비로 이미 매입을 완료한 국유지였다. 국립공원 구역에 편입하기에 안성맞춤의 조건을 다 갖춘 셈이었다. '누구 땅이네, 누구 돈으로 사네, 마네.' 논할 일도 없었다.

일이 순조롭게 진행되던 그때. 환경부가 그곳에 아직 사유지가 있다며 이의를 제기했다. 일에 차질이 생길까 우려했으나 사유지들은 이미 보상이 완료되어 있었다. 단지 소유자들의 주소가 불명한 상황이라 국유 이전이 완료되지 않았을 뿐이었다. 이런 경우 보상 고시를 하면 형식적으로 명의 이전이 안 되더라도 취득이 된 것으로 인정되는 효과가 발생한다.

그래도 대체부지가 부족했다. 내장저수지 일원 약 48만 제곱미터 해제에 '월영습지' 면적은 약 37만 제곱미터에 불과했다. 문제를 고심하다가 문득 문제 밖으로 시선을 돌려보았다. 그때 순창군에서 생태 탐방로를 만들어달라는 요구가 있다는 사실을 알게 되었다. 그 부지를 국립공원 구역에 편입하면 순창군은 국비로 생태 탐방로 개설이 가능했다. 누이 좋고 매부 좋을 상황이었다. 협의를 거쳐 순창군의 공유지 11만 제곱미터를 내장산 국립공원으로 편입시켰다. 월영습지 37만 제곱미터와 순창군의 공유지 11만 제곱미터의 편입으로 내장저수지 일원 약 48만 제곱미터를 해제할 수 있게 된 것이다.

등산을 좋아하는 분들은 다 알 것이다. 산 정상을 밟을 때까지 끝나지 않는다는 사실을. 거의 다 와서 정상이 보일 무렵, 마지막 깔딱고개가 만만치 않다는 것을. '내장저수지 국립공원 해제'에도 깔딱고개가 기다리고 있었다. 내장산 관광호텔 부지에 대한 환경부의 반대를 설득하는 일이었다.

지역의 입장에서야 내장산 관광호텔 건립은 공익적인 성격이 큰 일이지만 환경부의 시각은 달랐다. 관광호텔을 짓도록 국립공원 보호구역을 해제하는 것은 개인사업자에 대한 특혜라는 시각이 강했다. 개인사업자에게도 이익이 보장되어야만 추진할 사항이었다. 그런데 해제를 해준다고 하더라도 사업자가 호텔을 반드시 건립할 것이라는 확신이 서지 않았다. 고민을 거듭했다. 사업자에게 사업 추진 의지도 확인했다. 한 번 더 믿어보기로 했다. 정읍시가 관광호텔 건립에 필요한 행정절차를 완료한 시점부터 5년 이내에 사업자가 관광호텔 건립 공사를 착공하지 않는다면 해제된 관광호텔 부지를 다시 국립공원 보호구역에 편입하겠다는 각서를 제출하는 조건으로 환경부와 협의했다.

'이제 진짜 다 왔다.' 싶었다. 모든 분야에 대해 부처들과의 조율이 다 이루어졌다. 그런데 곧 확정하겠다는 말만 할 뿐 해제가 확정되지 않았다. 문제는 바로 산림청의 반대였다. 다시 산림청의 담당자들과 여러 차례의 진지하고 긴 협의가 이루어졌다. 그리고 2021년 국정감사 기간에 산림청과 최종 협의를 했다.

드디어 해제가 확정되었다. 20년 묵은 숙원과제를 당선 20개월 만에 해결한 것이다. 무엇이든 '최초'는 어렵다. 내장 저수지의 국립공원 보호구역 해제는 환경을 지키며 지역발전을 꾀하는 좋은 선례가 되었다는 이야기를 들었다.

국립공원 보호구역 일부해제 보고대회

국립공원 보호구역 일부해제 현수막

앞서 내가 운을 만들기 위해선 공(功)이 필요하다 이야기
했지만, 내장산 보호구역 해제에는 함께한 공(共)이 있었기에
가능했다. 정읍시민 여러분, 정읍시 관계자 여러분, 내장산관
리소장을 비롯한 국립공원공단 직원들, 환경부의 국·과장, 산
림청의 차장 등 많은 이들의 수고가 있었다.

나의 일은 이제부터 본격적인 시작이었다. '내장저수지
국립공원 보호구역 해제'의 의미는 단순히 묵은 숙원사업의 해결이 아니다. '내장저수지 국립공원 보호구역 해제'는 정읍의 사계절 체류형 관광지 조성을 위한 첫 삽이다. 내장산을 중심으로 우리 정읍을 사계절 사랑받는 관광지로 발전시키고 싶은 꿈이 시작된 것이다.

내장저수지와 생태공원·문화광장·국민연금공단 연수원 일대를 중앙축으로 하고 내장사와 내장상가·관광호텔 일대를 동부 축, 용산호·내장 CC·전북은행 연수원 일대를 남부 축, 정읍 시내를 서부 축으로 관광권을 설정하였다. 이 축을 따라 먹거리·잘 거리·볼거리·체험 거리를 발굴해 서로 연계하였다. 이런 구상을 '내장호 주변 종합발전계획 수립 용역' 결과에 담았다. 이를 기초로 해서 해제된 내장저수지 안에 인공섬을 조성하는 일, 둘레길을 정비하는 일 등에 대해서도 한국농어촌공사 정읍지사와의 협의까지 다 마쳐 두었다.

이제 변화는 시작되었다. 20년 묵은 숙원사업을 당선 20개월 만에 해결한 저력이라면 우리 정읍이 사계절 체류형 관광지로 거듭나는 미래는 머지않은 미래가 될 것이다.

실망을 희망으로 만들다

노을대교 건설

기대했던 일이 좌절되었을 때 우리는 실망한다. 당연하지만 기대가 크면 실망도 큰 법이다. 그리고 그런 일이 반복되다 보면 우리는 더 이상 기대를 하지 않게 된다. 희망이 사라지는 것이다.

2019년 초가을 무렵 고창 해리 동호해수욕장에 방문했을 때였다. 당시 정치 초년생이었던 나는 지역주민들께 인사를 드리기 위해 지역 행사에 방문했다. 주민 한 분, 한 분께 인사를 드리고 나자, 사회자가 나를 소개했다.

트럭이 개조된 연단에 오르면서 나는 생각했다. 과거 해리는 고창 서북지역의 중심지였다. 해리가 옛 영화를 되찾기 위해선 해리면민이 염원하는 노을대교 건설을 반드시 해내야 했다.

"해리면민 여러분, 동호해수욕장 상인 여러분, 반갑습니다. 더불어민주당 정읍·고창 지역위원장 윤준병입니다. 고창군 묵은 숙원사업인 노을대교 건설! 30년 동안 말로만 계속되어 온 노을대교 건설! 서울시 1,000만 시민들의 문제들을 해결했던 해결사 윤준병이 해결하겠습니다!"

환호와 박수를 기대했던 나는 주민들의 냉담한 반응에 순간 당황했다. 곧이어 여기저기서 질책성 야유가 이어졌다.

"또 선거 때가 왔고만."

"이십 년 넘도록 귀 딱지 앉게 들은 소린께 그만 하소."

"적당히 울궈먹어야지. 콩으로 메주를 쑨다 혀도 믿을까 말까혀고만"

나는 현장에서 정치꾼들에 대한 주민들의 골 깊은 불신을 확인할 수 있었다. 정치인들이 일상적으로 던지는 약속들이 주민들께는 희망 고문으로 작용해 불신만 쌓이게 한 것이었다.

"여러분의 그 실망을 희망으로 바꾸겠습니다. 윤준병은 그동안의 정치인들과는 다릅니다. 약속드린 내용은 꼭 해결하겠습니다. 해결하는 정치로 반드시 보답하겠습니다."

희망이 사라진 그곳에서 나는 결심했다. 총선에서 승리하면 반드시 이 문제를 해결해 그동안의 뿌리 깊은 불신을 치유하겠다고 말이다.

2020년 4월 15일. 국회의원에 당선된 나는 당선이 된 바로 다음 날 당선인 신분으로 바로 노을대교 건설을 위한 진단에 착수했다. 지금까지 진행된 사항과 번번이 좌절된 사유 등을 확인하고 점검했다. 가장 큰 장애물은 기획재정부의 예비타당성이었다.

때마침 그즈음 노을대교 건설의 첫 관문인 정부의 예비타당성 조사가 시작됐다. 노을대교(77번 국도) 건설 등 국도를 건설하기 위해서는 국도 기본계획인 '국도·국지도 건설계획'에 먼저 반영되어야 하고 이를 위해서는 예비타당성 조사를 통과해야 했다.

총선 시기에 노을대교를 포함하여 향후 10년 동안 추진할 국도건설에 대한 기본계획 수립 작업이 진행되고 있었다. 이번 기회에 정부의 예비타당성 관문을 반드시 통과하자고 전북도와 국토부 익산국토관리청 관계자들에게 신신당부했다.

　　주민들의 의사도 점검했다. 이 일이 성공하려면 주민들의 믿음이 필요했다. 주민들의 지지가 없으면 추진 동력이 떨어지고 종국에는 좌초될 가능성이 커지기 때문이었다. 실제로 과거 부안군민들의 반대로 사업이 좌초된 바도 있었다.

　　부안군의 경우 과거와 달리 권익현 부안군수가 나서서 건설하는 쪽으로 부안군민들의 뜻을 모으고 지지를 표명했다. 고창군민들과 부안군민들께서 정부의 결단을 요구하는 청원에 서명 작업도 진행했다. 일부에선 우려하는 목소리도 있었다.

　　가장 큰 우려는 환경 문제였다. 노을대교의 건설이 갯벌 생태계를 망치고 이에 따라 생태관광산업을 위축시킬 수 있다는 지적이었다. 더구나 고창의 갯벌이 세계자연유산으로 등재가 추진되고 있는데 부정적인 영향을 미칠 수도 있다는 우려였다.

이에 교각의 위치 등을 잘 설계하면 환경 문제를 최소화할 수 있다고 설명했다. 다리가 들어설 곰소만 입구의 중남부 지역에 대죽도가 있다. 그곳에 노을대교의 주 교각을 설치하면 갯벌 훼손을 거의 하지 않고 설계할 수 있음을 강조했다. 게다가 우리나라의 다리 만드는 기술은 세계 최고 수준이다. 설계와 공사도 친환경적으로 진행할 수 있는 실력을 갖추고 있는 만큼 우려가 현실이 되지 않도록 관리해 나가겠다고 말씀드렸다.

두 번째 우려는 상권 위축 문제였다. 줄포 등의 어민과 상인 중에는 다리가 완성되면 곰소만을 찾는 관광객이 줄고 곰소만 상권이 크게 위축될 것을 우려하시는 분들도 계셨다. 이에 노을대교가 건설되어 새만금 관광권과 고창 관광권이 연결되면 곰소만 일대를 방문하는 관광객이 획기적으로 증가할 것이기 때문에 곰소만 전체 상권이 현재보다 더 활성화될 수도 있다는 점을 말씀드렸다. 가게가 하나만 있는 경우보다 여러 가게가 모여 있으면 오히려 더 많은 고객이 방문하여 가게별 매출이 더 늘어나는 경제학의 집적효과(集積效果)에 따른 설명이었다.

　2021년도 정부 예산심의 사전 준비를 하던 2020년 11월의 어느 날이었다. 예결위 소위 위원으로 임명되어 전북의 국비 예산 확보를 책임지고 있던 그때. 나는 노을대교 예비타당성의 비용편익(B/C)을 확인하고 내 두 눈을 의심했다. 예비타당성에서 경제성 확보가 기본인데, 비용편익(B/C)이 0.29 수준에 불과했다. 큰 충격이었다. 예비타당성이 통과되기 위해서는 비용편익(B/C)이 최소한 0.5 이상은 되어야 했다. 바로 전북도 건설교통국 관계자들과 노을대교 비용편익(B/C)을 항목별로 점검했다.

　관건은 비용은 줄이고 편익은 늘리는 것이었다. 먼저 노을대교의 연장 15.3km 중에서 교각이 건설되는 교량 8.7km를 제외하고 선운산 연결도로 등 간접적인 구간을 제외해 비용을 줄였다. 이어서는 새만금 사업 중 누락된 사업의 효과를 추가하고, 노을대교의 건설로 완성되는 곰소만 순환 링 (Ring) 관광벨트와 선유도-새만금-변산국립공원-선운산도립공원-내장산 국립공원-강천산군립공원-지리산국립공원의 연결관광축 등을 새로이 발굴해 편익은 키웠다.

경제성 이외에도 예비타당성 평가 항목인 정책성과 지역 균형 발전 부문에 대해서도 치밀하게 준비했다. 곰소만에서 단절된 '77번 국도의 연결'과 서해안 관광벨트의 완성 등 정책적인 효과와 함께 지역적으로 낙후된 전북과 고창·부안의 성장 동력으로서의 역할 등을 잘 정리해 자료를 충실히 제출하도록 요청했다.

기재부로부터 예비타당성 조사를 위탁받아 수행하고 있던 국책 연구기관인 한국개발연구원(KDI)의 관계자들에게도 노을대교 건설의 경제성, 정책성, 지역 균형 발전 효과 등에 대해서 직접 설명했다. 진행 상황도 자주 확인했다.

지성(至誠)이면 감천(感天)이라 했다. 2021년 4월경 노을 대교 예비타당성을 중간 점검해 보니 비용편익(B/C)이 0.6을 넘어서고 있었다. 반가운 소식이었다. 특히 30년을 희망 고문 당해온 주민들의 깊은 상처를 치유할 수 있는 낭보였다. 이 소식을 빨리 알려드리고 싶었으나 아직 기재부의 재정 정책 회의 등 공식적인 절차가 남아 있어서 고창군민들께 말씀드리지 못했다.

드디어 그날이 왔다. 2021년 8월 24일 노을대교가 드디어 예비타당성 평가의 문턱을 넘었다. 기재부의 예비타당성 조사를 통과한 노을대교 건설사업이 포함된 '국도·국지도 건설계획'이 발표되었다. 바로 고창군민들께 알려드리기 위해 보고대회를 열어 노을대교 건설이 확정되었음을 보고드렸다. 주민들께 큰절로 인사드리며 감사함을 표현했다.

"아이고 수고하셨네, 인제 참말로 다리가 건설되는겨"

"너무 잘 되얐네 그려"

"애쓰셨습니다."

"내 생전에 이 다리 지어지는 것을 보고 가겠네."

"나는 이렇게 약속 지키는 국회의원은 첨 보는 거 같으요."

무려 30년의 기다림이었다. 그 기다림이 해소되는 날이

노을대교 건립 확정 보고대회

었다. 모두가 축하와 감사를 전했고 덕담을 나누었다. 더없이 좋은 날이었다. 주민들께 미래에 대한 희망과 꿈을 드리고 그 꿈이 영글어 가는 과정을 보면서 마음을 설레게 만드는 정치. 해결하는 정치가 좋은 정치라는 사실을 새삼 실감했다.

　　많은 축하와 감사가 있었지만, 축하와 감사 인사를 받아야 할 사람은 고창군민이었다. 노을대교 건설에 가장 많은 공을 가진 분은 한마음 한뜻으로 뜻을 모아주시고 서명으로 지지를 보내주신 고창군민과 부안군민이었다.

노을대교 건설이 확정되자 바로 명품 해상교량으로 건설될 수 있도록 익산국토관리청과 국토교통부 관계자와 협의에 들어갔다. 기본설계, 실시설계, 공사·감리를 진행하는 주체를 선정하는 방식에 대해서 시공 능력이 우수한 대형 건설사 참여가 촉진될 수 있도록 '일괄수주계약' 방식(turn-key 방식)으로 합의했다. 이어서 업체 선정을 위해 입찰 공고를 했으나 사업비 등이 적다는 이유로 광주 소재 1개 건설사만 공모에 참여해 유찰되었고, 추가로 2회 공모를 더 진행했지만, 단독 입찰이 반복되었다. 이에 기본설계는 익산국토관리청이 직접하고, 실시설계와 공사를 건설사에 위탁하는 입찰방식으로 변경했다.

오랜 기간 염원했던 노을대교이므로 이왕 하는 김에 4차선으로 건설하자는 의견들도 있었다. 그러나 4차선 교량의 건설은 기재부 예비타당성의 문턱을 다시 넘어야 하는데 다시 넘는다는 보장이 없고, 예비타당성의 재심사로 추진 기간이 무한정 늘어지거나 사업 자체가 좌초될 우려가 컸다.

현재의 수요는 2차선의 교량만으로도 충분하지만 수요

가 늘어나면 4차선의 노을대교가 필요해진다. 미래의 변화 가능성도 염두에 둬야 했다. 그래서 노을대교가 4차로로 확장될 수 있도록 하부구조를 갖춘 상태에서 우선은 2차로 교량으로 건설한 후에 교통수요가 늘면 4차로 교량으로 확장하는 단계별 확장 대안을 익산국토관리청에 제안해 검토를 요청했다.

오래도록 염원했던 노을대교가 명품 해상교량으로 태어나 2030년 서해안 관광벨트의 중추적 역할을 하기를 기원한다. 노을대교에서 멋진 노을을 보는 그날을 고창군민들, 부안군민들과 함께 기다릴 것이다.

노을대교 명품해상교량을 구상하며

애물단지를 치우다

고부천 게보배수갑문 철거 및 교량 설치 확정

고대 태국에서는 국왕이 마음에 들지 않는 신하에게 하얀 코끼리를 선물했다고 한다. 신하는 국왕이 하사한 하얀 코끼리를 지극정성으로 키워야 했는데, 먹잇값은 먹잇값대로 들고 이득은 하나도 없는 이 하얀 코끼리를 키우다가 파산하는 경우가 많았다고 한다. 이 설화에 등장하는 하얀 코끼리처럼 겉만 그럴듯하고, 쓸모도, 관리도, 처분도 어려운 애물단지를 오늘날 경제 분야에선 하얀 코끼리(White elephant)라 일컫는다.

고부천 게보배수갑문

 우리 정읍에도 이런 애물단지가 있었다. 바로 고부천에 있는 게보배수갑문이 그랬다. 고부천은 부안군 줄포면과 정읍시 고부면 경계에서 출발하는 물길로 오랜 역사와 풍부한 생산력을 지닌 강이다. 오랜 시간 우리 지역 곡창지대를 품고 흐르며 풍요를 가져온 고부천이었으나 근래에는 게보배수갑문 때문에 농사를 망치는 일이 빈번해지면서 곡창지대라는 명성이 무색해진 상황이었다.

"여 보씨오. 여 물 드나드는 길이 앞뒤보다 영 좁지 않습니까. 이라니 자꾸 농지가 침수되믄서 홍수가 나는 겁니다. 이것 때문에 농사 망친 집이 한둘이 아닙니다."

"이것도 좀 빨리 철거하고 농로랑 마을 연결하는 다리도 얼른얼른 놓아야지. 정치인들이 때마다 대체 교량인가 뭣인가 세워준다고 해놓고서 말만 해놓고 백날 미뤄놓은 게 지금 이거 아니여. 그 말 나왔을 때 지었으면 벌써 짓고도 남았을 거여."

문제의 게보배수갑문은 일제강점기에 해수 역류를 방지하기 위해 설치된 시설이었다. 1988년에 이를 12련 규모로 (구) 농지개량조합이 확장했고 이후 전라북도가 2009년 갑문 상부의 지방도를 갑문 옆으로 이전하며 현재의 형태가 되었다. 이어 갑문 상류는 2014년부터 2018년까지는 전라북도가 맡고 하류는 2017년부터 지난해까지 익산지방국토관리청이 맡아 하천 폭을 120m로 확장했다. 그러자 갑문 구간만 하천 폭이 73m로 남았다. 게다가 수문만 철거된 상태였으니 홍수 피해가 발생하기가 쉬웠다. 시간이 흘러 해수 역류를 방지하는 기능조차 사라졌으니 그야말로 게보배수갑문은 애물단지와 다름없었다. 그 위로 새로 설치된 지방도 710호선은 주민과 농기계가 통행하기엔 위험해 대체 교량을 설치해 달라는 민원도 타당했다.

고부천 게보배수갑문에 관한 민원이 제기된 것은 17년 전인 2006년이었다. 그러나 지역주민들은 오랜 세월 동안 제대로 된 답조차 듣지 못한 상황이었다. 20년이 다 되도록 주민들이 답변조차 듣지 못했다는 사실은 내게 적잖은 충격이었다.

첫 현장 점검 회의

주민 여러분께 답이라도 빨리 드리고자 2021년 3월에 첫 현장 점검 회의를 했다. 현장에 한 번에 모여 회의하면 의사소통도 더 원활하고 결정도 수월할 것이기 때문이었다. 회의에서는 게보배수갑문의 확장이 아니라 게보배수갑문의 철거가 필요하다는 점에 기관들이 합의했고, 지역 도로의 교량을 건축하는 예산 확보를 위해 국민권익위원회에 민원재심을 요청하는 것으로 조정을 보았다.

더 이상의 시간 낭비는 곤란했다. 무엇보다 좁아진 갑문 구간 때문에 발생하는 농경지의 침수 피해부터 막아야 했다. 게보배수갑문을 철거할 수 있는지, 대체 교량을 설치한다면 지역 통행을 연계할 수 있는지, 비용은 얼마나 드는지, 관계 기관들은 각각 얼마씩 나눠 분담해야 하는지 등을 서둘러 검토했다.

민원재심을 맡은 국민권익위원회에만 맡기고 있을 수는 없었다. 그해 여름 21년 7월에는 국민권익위원회의 진행 상황을 함께 점검하고 대안을 협의했다. 다행히도 국민권익위원회는 새만금 방조제 준공으로 해수 역류 가능성이 없어진 게보배수갑문을 철거하고 대체 교량을 설치하는 방안으로 가닥을 잡고 관계기관들과 조정 협의를 진행하고 있었다.

기관별로 역할을 확인해 보았다. 하천점용 허가 조건에 갑문 철거와 하천 준설까지는 농어촌공사의 소관이었다. 대체 교량을 고부천 상류 방향으로 이전해 설치하면서 주민들의 이동에 지장이 없도록 농어촌도로를 개량하는 방안을 검토하는 방향으로 협의했다. 대체 교량 설치의 비용은 국가하천 정비의 일환이므로 국토교통부가, 농어촌도로 개량은 정읍시와 전북도가 각각 부담하는 방안을 가지고 협의했다. 이제 챙길 것은 예산이었다. 2022년도 예산에 지장 없이 반영되도록 관계기관 간의 조정 작업을 조속히 완료할 것을 요청했고 이를 직접 확인했다.

이후로도 몇 번의 예산 확보 문제를 확인하고, 현장을 방문해 대안별로 장애 요인과 해결 방안을 점검했다. 마침내 2021년 9월 8일, 국민권익위원회의 '고부천 게보배수갑문의 조속한 철거 및 대체 교량 설치비용의 관계기관 공동부담 시정 권고'가 내려졌다. '국민권익위원회의 권고를 환영합니

다.'라는 짧은 문장에 담기에는 좀 더 묵직한 무게감 있는 보
람이 찾아왔다.

같은 해 겨울, 12월 3일 국회 본회의에서 '고부천 상습 침
수 구역 게보배수갑문 철거 및 교량 설치 사업'에 50억의 예
산이 확정되었다. 공식적으로는 이 문제를 해결하는 데 걸린
시간이 2021년 3월부터 12월까지였으니 당선 후 10개월도 안
되는 시간에 20년이 다 된 민원을 해결한 것이다.

내가 이 사안을 서둘렀던 이유는 한 해 농사의 가치를 알
기 때문이었다. 농촌에서의 농사는 한 가정의 생활비이며, 자
식의 학비이며, 어르신들의 병원비이다. 그 농사를 망쳤을 때
의 애달픈 마음을 알기 때문에 더는 미룰 수가 없었다. 게보
배수갑문의 철거로 고부면 일대가 다시 풍요로운 곡창지대로
서의 명성을 되찾기를 기원한다.

의로운 닭싸움 끝에 낙이 온다

동우팜투테이블에서 삼성전자까지

"국회의원님! 국회의원님 계씨오?"

2020년 늦가을이었다. 고창 지역사무실에 민원인들이 찾아왔다. 다급해 보이는 목소리였다. 고수면에서 비상대책위원회 위원들께서 찾아오신 것이었다.

"마침 계시었소. 우리한티 국회의원님 힘이 필요해요!"

이야기를 들어보니, 동우팜투테이블이라는 닭 도축업체가 고창 일반산업단지에 입주하려고 하는데 입주를 제한하는 업종이라 불법인데도 고창군청이 받아주려고 한다는 것이었다.

"그 업체가 들어오면 냄새도 세상 그런 냄새가 없다고 합디다. 공장 폐수로 고창천 전체가 오염되믄 어떡한답니까. 오염되고 나믄 그땐 방법이 없지 않습니까. 국회의원님이 지금 당장 막아주셔야 합니다."

주민들의 말씀을 다 듣고 민원의 목적을 먼저 확인했다. 민원 제기로 일종의 보상금을 키우려는 목적인지, 민원 내용 그대로 입주 자체를 막고자 하는 취지인지를 알아야 했다. 더구나 고창군청에서는 입주를 권장하고 있어 행정관청과도 싸워야 하는 민원이었다. 민원의 진정성을 확인한 후 민원과 관련해 업체로부터 어떠한 돈도 받지 않겠다는 다짐을 받고 함께 입주를 막아보겠다고 말씀드렸다.

얼마 지나지 않아 믿기지 않는 소식이 들렸다. 2020년 12월 하순 연로하신 어머님들께서 동우팜투테이블의 입주를 반대하기 위해 고창군청 앞에서 삭발투쟁을 하면서 군수 면담을 요청했으나, 고창군청에서 이를 거부하고 비밀리에 동우팜투테이블과 산업단지 입주 계약을 체결했다는 것이다.

주민들이 삭발까지 감행한 상황에서 고창군수는 너무도 무모하게 불법적인 요소가 한두 개가 아닌 입주(분양) 계약을 체결해 버렸다. 순간 큰일이라는 생각이 들었다. 연로하신 어머님들께서 삭발을 감행할 정도로 사안은 심각해져 있었다.

21년 봄. 고창군과 비대위의 갈등이 심해진 사이 동우팜투테이블 측에서는 고창군의 협조를 받아 가며 다른 지역의 좋은 선진지로 '부안 참프레' 방문을 추진했다. 문제를 해결하기보단 회피하려는 생각 같았다. 동우팜투테이블 측은 부안 참프레를 좋은 선례로 이야기했지만, 부안 참프레의 악취 기록들과 주민들의 이야기는 외려 정신을 번쩍 나게 하는 내용으로 그득했다.

그즈음 지역 언론 '열린순창' 기사에는 동우팜투테이블 측에서 말하는 좋은 선례는 찾아볼 수 없었다. 'AI 예방 살처분 오리 대량 반입', '폐수 무단 초과 배출'이나 '청정 부안'이 '악취 부안'으로 변했다는 문제들이 연일 터지고 있었다.

그때 한 젊은 아버지의 이야기가 내 눈길을 붙잡았다.

"부안에서 태어나 여기에서 장가가고 가정도 꾸렸는데 최근 심해지는 냄새 때문에 부안을 떠나고 싶습니다. 무엇보다 애들한테 좋지 않은 환경이지 않습니까."

순간 '고창을 이렇게 되도록 방치해선 안 되겠다.'는 결기가 생겼다.

7월이 되자 땅은 자글자글 끓고 하늘도 푹푹 익었다. 삼복더위에도 동우팜투테이블에 대한 주민들의 시위는 계속되었다. 이 더위에 주민들이 고생스러우실 생각을 하면 내 목뒤로도 주르륵주르륵 진땀이 흘러내렸다. 복잡하게 얽힌 문제가 쉽지 않을 싸움임을 예고하고 있었다. 이럴 때일수록 붙잡아야 하는 것은 원칙과 진실이었다.

그 당시 고창군청은 입주 계약조차도 공개하지 않으려 했다. 주민들이 정보 공개 청구를 해도 시간을 끌고 핵심적인 내용은 공개하지 않았다. 그러면서 고창군은 비대위원들을 회유하고, 비대위원 등 반대그룹이 돈을 바라고 시위한다고 매도하고, 심지어 국회의원이 정치적 목적을 가지고 반대파를 충동질한다고 여론을 조성하는 등 주민들을 이간시키는

데 행정력을 동원했다. 일자리 하나가 아쉬운 판에 국회의원이 중견 우량업체의 투자를 막고 있다고 비난했다. 고창군청이 이렇게 행정력을 동원해 밀어붙이니 가만히 있을 수만은 없었다.

먼저 입주 계약 내용과 동우팜투테이블 주장들의 진위를 명확히 확인하기 위해 동우팜투테이블과 산업은행에 자료를 요구했다. 산업은행은 동우팜투테이블에 대한 대출이 없다고 하는데, 동우팜투테이블 측에서는 무려 670억 원의 대출을 받았다고 주장했다.

산업은행은 대출이 없다 하고, 동우팜투테이블은 대출을 받았다고 하니 모순이었다. 우선 동우팜투테이블이 대출을 받을 수 있도록 고창군과 동우팜투테이블이 실제 효력을 갖는 입주 계약을 맺었다면, 그것은 도계업(도축업)을 입주제한 업종으로 정한 전북도 고시를 위반한 것이었다.

위법한 입주 계약임에도 이를 근거로 산업은행이 대출을 실행했다면 그것은 수백억 원의 대출 과정에서 입주 계약의 위법적 요소를 확인하지 않은 부실 대출이었다. 반대로 산업은행이 대출을 실행하지 않았는데 동우팜투테이블 측에서 대출에 따른 손해배상 책임 등을 군민들에게 묻고 있었다면, 이는 주민들에 대한 동우팜투테이블의 공갈 협박이었다.

더구나 환경영향평가법에서는 동우팜투테이블의 산단 입주에 대한 환경영향평가 결과가 나와야 고창 산단의 관리 기본계획이 변경될 수 있고, 그 이후에 입주 계약 절차가 진행될 수 있도록 규정하고 있었다. 그러니 고창군과 동우팜투테이블이 이미 입주 계약을 맺었다 해도 그것은 환경영향평가 절차가 완료되기 전이니 승인 효력이 없었다. 즉 고창군청이 위법하게 동우팜투테이블과 입주 계약을 체결한 것이 된다.

주민들 간에 회자하는 악의성 뜬소문을 잠재우기 위해서 고창군민께 제대로 설명할 필요성을 느꼈다. 2021년 국정감사 과정을 통해 진실을 밝혀 고창군과 주민 사이의 신뢰를 회복하고 원칙대로 일이 진행되도록 바로잡아야 했다.

"윤 의원, 재선 안 할라고 그러나비?"

당시 여러 곳에서 여러 경로를 통해 들은 말이었다. 특히 전북지방환경청이 국정감사를 앞두고 '고창 일반산업단지 관리 기본계획 변경'을 위한 환경영향평가를 반려했을 때 가장 극심했다. 당시 전북환경청은 고창군이 제출한 환경 보전 방안검토서는 검증이 불가할 정도로 허술하다며 반려라는 결정을 내렸다. 그러자 동우팜투테이블 측은 이 결과가 '윤준병 국회의원의 정치개입 때문이다'라며 거세게 반발했다. 여기저기서 '재선 안 할 생각이냐'는 말들이 튀어나왔다.

화가 났지만, 예상 못 한 일은 아니었다. 그럴수록 진실이었다. 고창군청이 가야 할 원칙이 무엇인가? 우리 고창의 미래와 깨끗한 삶의 터전을 위해서는 치밀하고 종합적인 환경영향평가가 있어야 했다. 사계절은 물론이고 가물 때, 폭설이 올 때 등 여러 상황이 검토되어야 했다. 당시 고창군청 등에서 인맥들을 동원해 환경영향평가에 영향을 미치려는 시도들이 포착됐다. 지방환경청장 등에게 엄중히 경고하고, 기회가 있을 때마다 공식적인 통로를 통해 '전북지방환경청은 그 누구의 입장에도 흔들리지 말고 관계 법령과 규정에 맞게 평가하라.' 요구했다.

　나 역시 마음이 어지러워질 때면 눈을 감고 우리 어머니 같은 고창갯벌 바다를 떠올렸다. 고창 산단에서 발생한 폐수는 맑은 물길, 생태하천인 고수천을 거쳐 고창천, 주진천, 람사르 습지, 고창갯벌 바다까지 약 18km의 물길을 흐른다. 그 물길이 그리는 풍경을 내 마음에 흘려보았다.

　환경청의 설명은 명쾌했다. '동우팜투테이블에서 발생되는 폐수는 법적 보호종인 수달이 발견되는 고수 생태하천을 거쳐 고창갯벌로 나가는데, 진한 농도의 폐수를 1일 8,000톤씩 방류하면 생태하천의 오염뿐만 아니라 주민 건강 악화가 우려된다.' 당시 국비 등을 포함해서 200억 원 이상을 들여 생태하천으로 복원한 고수천은 당시 수질 기준 유지 목표치가 3ppm이었다. 그런데 고창군의 자료에는 수질 기준 유지 목표치가 아예 다르게 제출되어 있었다. 그만큼 '고창군의 동우팜투테이블 유치 의지가 강하다.'는 반증이기도 했다. 게다가 지방환경청이 고창 일반산단과 관련한 환경영향평가 협의를 종료시키지 않고 '반려' 결정함에 따라 다시 평가할 일말의 여지가 남아 있었다. 고창군이 동우팜투테이블 유치를 위해 고창 일반산단 관리계획 변경을 위한 환경영향평가를 다시 실시할 경우, 반대한 주민들과 갈등은 또다시 고스란히 재현될 수 있었다.

그때 마침 산업은행이 중요한 결정을 했다. 산업은행이 동우팜투테이블의 불법 대출을 인정하고 대출금 360억 원을 전액 회수하기로 한 것이다. 이에 더해 향후 전국 각지 산업단지 '입주 제한업종'에 대해서는 대출하지 못하도록 지침까지 내렸다. 애초에 대출을 실행하지 않았다고 버티던 산업은행으로서는 동우팜투테이블이 주장한 670억 원의 대출금액 중 360억 원의 대출 실행을 인정한 동시에 이것이 부실 대출임을 인정한 결정이었다. 짧은 입장문엔 그간의 부조리를 인정하는 내용이 담겨 있었다.

2021년 10월 13일 환경노동위 국정감사에서 동우팜투테이블의 대표를 증인으로 출석요구 하였고, 다음과 같이 질의하였다.

1. 동우팜투테이블과 고창군은 고창 산단 기본계획상 제한업종임을 상호 간 인지한 위법한 계약이었지 않은가?
2. 계약을 하고 사업을 진행하지 못한 이유는 전북지방환경청의 환경영향평가를 통한 산단 기본계획 변경이 이루어지지 않아서이지 군민들의 반대 때문이 아님을 인정하는가?
3. 동우팜투테이블과 고창군은 환경영향평가법 및 산업집적법을 위반한 계약을 하였지 않은가?
4. 동우팜투테이블은 고창군민들을 허위 사실로 민형사상 협박을 하였으므로 사과하라.
5. 동우팜투테이블이 주장하는 가금류 가공 및 저장처리업은 군민들의 반대 원인이 되는 도축공정을 감춘 업종이며 동우팜투테이블의 사업자등록에도 도축이 명시되어 있음을 인정하는가?

이에 대한 동우팜투테이블 대표이사의 답변은 다음과 같았다.

1. 고창 산단 기본계획상 제한업종임을 인정하지만, 통계청의 업종 분류상 가금류 가공 및 저장처리업이기도 하다.
2. 잘못된 계약으로 고창군민들께 고통을 준 것을 사과한다.
3. 그럼에도 불구하고 고창 산단에 들어오게 된다면 공장설계부터 군민들과 함께 환경 걱정 없는 공장을 짓고 사업을 하고 싶다.

국정감사로 일단락되는가 싶었던 동우팜투테이블의 고창 일반산단 입주 문제는 동우팜투테이블이 고창 산단에서 사업을 하고자 하는 미련을 보이면서 싸움이 계속되었다. 환경청의 환경영향평가 반려로 벗었던 주민들의 시위용 상복은 고창군청이 환경검토서를 보완해서 제한업종 변경을 재추진하겠다고 밝히면서 다시 입게 되었다. 아직 끝난 일이 아니었다.

고창군과 전북도의 책임을 추궁해야겠다고 마음먹고 '고창군 및 전북도에 대한 환노위 상임위 차원의 공익감사 의결'

을 요청했다. 동우팜투테이블이 환경영향평가법 등을 위반하는 과정에서 해당 지자체가 공모 또는 방조했을 가능성에 대한 감사였다. 당시 주민들의 반대를 무시하고 동우팜투테이블과 고창군 사이에 체결된 위법한 입주(분양) 계약이었다. 명백히 관계 법률을 위반한 사항이니만큼 철저한 시정조치가 뒤따라야 했다.

그즈음에 고창 거리 곳곳에는 동우팜투테이블의 산단 유치를 원한다는 현수막이 걸리고 있었다. 유치를 지지하는 군민들이 많으니 존중하라는 외침이었을 것이다. 지방선거를 앞두고 정치적으로 이용하고자 하는 의도도 있었을 것이다. 모두의 의견을 다 존중할 수만 있다면 얼마나 좋겠는가. 하지만 선출직 공직자의 기본은 군민 전체의 행복과 '억강부약(抑强扶弱), 약자를 돕는 것'이다. 강자 편에 서서 한 번 생각해 보았다면 약자 입장에서는 두 번, 세 번 이상을 헤아려야 한다.

동우팜투테이블의 고창 산단 유치가 불투명해지자, 일부에서는 당장 대안을 제시하라고 요구하기도 했다. '대안의 제시 없는 반대는 반대를 위한 반대가 아니냐'는 것이었다. 그러나 이는 '반대를 위한 반대'가 아닌 '불법에 대한 반대'였다. 나아가 우리 지역 옥토에 공해의 알 박기를 방지하기 위함이었다. 동우팜투테이블과의 입주 분양계약을 공식적으로 무효화 하지 않으면 앞으로 이를 대체할 혹은 더 좋은 조건의 기업을 유치할 수가 없게 된다. 국정감사 기간에는 지역의 유력한 기업인으로부터 전화를 받기도 했다. "국회의원이 지역 업체를 챙겨야 하는 것 아닙니까?"라고 이야기하시길래 "당연히 그래야지요" 하고 답변드렸다. 적법한 인허가를 받고 청정 고창에 부합하는 기업이라면 잘 될 수 있도록 두 팔 걷어 도와드릴 일이라고도 말씀드렸다.

1년 6개월의 '의로운 닭싸움'을 끝낸 건 2022년 민선 8기 지방선거였다. 동우팜투테이블의 유치에 마지막까지 미련을 가졌던 유기상 군수가 선거에서 패배하고 심덕섭 군수가 당선되면서 문제가 정리됐다. 지방선거 결과가 나오자 바로 동우팜투테이블이 산단 입주 계약의 해지를 고창군에 통보했다. 청정 고창을 지켜냈다는 기쁨도 한순간이었다. 더 무거운 중압감이 바로 다가왔다. 동우팜투테이블보다 더 건실하고 환경적으로 청정 고창을 지켜낼 수 있고 고창의 미래를 열어 갈 수 있는 기업을 찾아 빠른 기간 내에 유치해야만 했다.

고생 끝에 낙이 온 것일까. 고창산업단지에 세계 초일류 기업인 삼성전자의 3,000억 원 투자가 결정됐다. 삼성전자, 전북도, 고창군이 지난 9월 25일 오후 전북도청에서 투자협약을 맺었다. 세계 초일류 기업인 삼성전자가 전북 고창산업단지에 3,000억 원을 투자해 호남권 최대 규모의 물류센터를 조성하게 된 것이었다. 심덕섭 군수와 고창군청 공무원 여러분이 노력해 준 덕분이었다.

물류센터는 연내 건축설계 및 인허가 승인을 위한 사전 절차를 진행하고 2024년 착공, 2026년 이내에 준공을 목표로 추진된다. 삼성전자는 물류센터 조성을 위해 총 3,000억 원을 투자하고 500여 명의 직·간접적 고용 창출을 계획하고 있다.

돌아보면 모두 주민 여러분 덕분이었다. '우리가' 함께 있으니 '외로운 닭싸움'이 아니라 '의로운 닭싸움'이 될 수 있었다. 청정 고창을 지켜내기 위해 1년 6개월 동안 싸워주신 고창군민 여러분께 감사드린다. 고진감래(苦盡甘來).

10년 묵은 체증을 내리다

전북대 정읍 캠퍼스와 제약산업 미래인력 양성센터 유치

10여 년 전쯤 정읍에 전북대 약대가 유치되었다는 현수막이 걸렸던 기억이 있다. 현수막이 걸린 지 한참이 되었는데도 그 이후로 이렇다저렇다 할 변화가 없었다. 내가 지역을 내려와서 선거운동을 하던 2019년 그즈음에도 시민들은 전북대 정읍 캠퍼스의 존재를 모르고 있었다. 정확한 팩트체크가 필요했다.

2020년 4월. 21대 총선의 '맞장토론'에서 나는 그때 그 현수막의 주인공을 마주했다. 당시 상대 후보였던 그는 그때 그 현수막 내용대로 정읍시 신정동 첨단산업단지에 전북대 정읍 캠퍼스가 들어섰고 전북대 약대를 유치했다고 주장했다.

그러나 그 당시 신정동 첨단산업단지에 자리한 전북대 산학연협력 센터에 교과과정이 운영되지 않았고, 더구나 교육부의 설립인가마저 획득하지 못했기 때문에 전북대 정읍 캠퍼스라고 부를 수 없었다. 또한 전북대 약대의 실험·실습센터 설치가 여전히 진행 중이었고 설사 실습센터의 설치가 완료되었다 하더라도 엄연히 전북대 약대와는 다른 것이었다.

정읍에 전북대 약대를 유치했다는 상대 후보의 주장은 명백한 허위 사실이었다. 실체도 없는 전북대 약대가 정읍에 생겼다고? 그것이 사실이라면 얼마나 좋은 일인가? 공방이 이어지면서 팩트를 체크해 나가자, 상대 후보는 그동안의 노력을 폄훼한다고 볼멘소리했다. 노력과 결과물인 사실은 명확히 다른 것이다.

상대 후보 주장의 허위 여부에 대해 전북대에 문의하여 사실을 확인했다. 전북대에 '정읍에 설립 예정인 약학대학 또는 약학대학원 계획'에 관해 물었다. 전북대의 답변은 간결했다. '해당 사항이 없고, 전북대 약대는 전주 캠퍼스에서 2020년부터 운영될 예정이며, 정읍에 추진 예정인 강의 또는 기타 계획 역시 없다.' 상대 후보의 주장이 거짓으로 확인되었지만 기쁘지 않았다.

우리 지역의 교육여건에 관한 일인데, 이루어졌어야 할 사안이 아직도 이루어지지 않았다고 확인받아 좋을 리 만무했다. 당선되면 토론에서 약속드린 정읍 캠퍼스 개교 및 제약산업 분야를 특화해야겠다 마음을 다잡았다.

모든 일이 그렇듯이 전북대 정읍 캠퍼스의 교육부 인가에 필요조건을 먼저 점검해 보완했다. 전북대 정읍 캠퍼스의 교육부 인가를 받기 위해서는 산업 용지로 되어있던 '전북대 정읍 산학연협력지원센터'를 학교 시설 용지로 용도 변경해야 했다. 이 문제는 당선되던 그해, 2020년에 장애 요인이었던 축사 이전이 이루어지면서 해결되었다. 이어서 21년 2월

전북대학교 정읍 캠퍼스 개교식

교육부로부터 전북대학교 정읍 캠퍼스(정식 이름은 '첨단과학 캠퍼스')의 설립 승인을 받았다.

무엇보다 격세지감을 크게 느꼈던 일이었다. 21년 5월이 었다. 2011년에 신청되었지만 10년 동안 미완의 과제로 남아 있던 지역의 숙원사업, '전북대 정읍 캠퍼스 설립'을 위한 실질적인 일들이 줄지어 이루어졌다. 정읍 첨단과학산업단지에서 입주한 기업 관계자들, 한국원자력연구원 첨단방사선연구소와 한국생명공학연구원 전북분원 관계자들을 만났다. 그분들로부터 연구 현황과 신규 R&D 사업, 비임상 실험기관 (GLP) 지정 등에 관해 듣고 '첨단과학산업단지'의 발전 방안과 함께 전북대 정읍 캠퍼스와의 협업방안 등을 논의하였다.

그리고 21년 9월, 기다리던 가을이 되었다. 생명, 환경, 소재 분야의 최고 전문 인력 양성을 위한 전북대 바이오 융합과학과 대학원 과정이 정읍 캠퍼스로 이전되어 정읍 캠퍼스 학사 운영이 처음 시작되었다.

코로나 등으로 연기되었던 대망의 '전북대학교 정읍 캠

퍼스(첨단과학 캠퍼스) 개교식'이 드디어 열렸다. 날짜도 잊지 않는다. 2022년 9월 6일. 명실공히 '전북대 정읍 캠퍼스 시대'가 시작됐다. 전북대학교가 2011년 11월 정읍 캠퍼스 설립안을 교과부와 국회에 제안한 후 10년 만에 개교가 공식적으로 이루어졌다.

전북대학교 정읍 캠퍼스는 생명(BT)과 환경(ET), 소재(NT) 분야 전문 인력 양성을 위한 융합과학 교육의 산실로 운영될 계획이다. 또 인근에 조성된 첨단방사선연구소와 한국생명공학연구원, 안전성평가연구소 등 정부 출연 연구소의 긴밀한 연계를 통해 지역발전을 이끄는 산학연 혁신 클러스터로 조성할 방침이다.

정읍 캠퍼스 개교 준비와 함께 정읍을 제약산업의 중심지로 만들 특별 프로젝트도 착실히 추진했다. 전북대 약대 학장 등과 만나 논의를 해보니 호남지역에만 제약 실습을 위한 전문 인프라가 없어 호남지역 약대생이 졸업하기 위해서는 다른 지역으로 교육을 받으러 가야 하는 문제가 있었다. 그동안 호남권에는 제약 실습을 위한 전문 인프라가 없어 호남지역의 약학대학 및 바이오산업 관련학과 재학생들은 실무 수습을 위하여 수도권 등으로 나가거나 기업에서의 참관형 교육만 가능했다. 이 문제를 해결하고 싶었다.

두드리면 열린다고 했는가? 보건복지부가 관련 사업의 공모를 추진할 예정이라는 첩보가 2020년 말 입수되었다. 전북대 약대, 전북도, 정읍시 관계자들과 논의하면서 대응 전략을 신속히 만들어 나갔다. 먼저 시급히 필요한 것이 공모에 제출할 연구용역이었다.

보건복지부의 '제약산업 미래인력 양성센터 구축' 공모사업에 대해 2022년도 예산심의 단계에서 설치지역을 정읍으로 확정하고 2022년 예산사업으로 바꿔보고 싶었다. 21년 초부터 보건복지부, 전북도, 전북대 등 관계자들과 만나고 정부 예산안에 반영되도록 기재부와도 협의했다.

그러나 쉽지 않았다. 공모사업으로 추진을 기정사실로 해놓은 상태에서 특정 지역의 예산사업으로 결정하면 특혜 논란이 일 것이란 우려 때문이었다. 그러나 그 과정에서 정읍으로의 유치 의지가 강하다는 점과 정읍을 비롯한 호남권의 제약 실습 인프라의 문제가 심각하다는 점 등을 보건복지부 등 관계자들에게 뚜렷이 각인시켰다.

계획대로 공모가 진행되었고, 2022년 5월 정읍을 제약 실습의 중심지로 변모시킬 사업이 최종 확정되었다. 보건복지부 소관의 '2022년 제약산업 미래인력 양성센터 구축' 공모사업에 정읍시가 최종 선정되어 총사업비 180억 원(국비 126억 원, 지방비 54억 원)을 확보했다.

이 사업은 지난해부터 4년간('22~'25) 총 180억 원의 예산을 투입하여 정읍시 신정동 연구개발특구 일원에 국제기준을 갖춘 첨단 인력양성센터와 전문교육 장비를 구축한다. 올해 4월부터 설계 및 각종 행정절차를 진행하며 내년에 착공한다. 전북도와 정읍시는 전북대학교를 중심으로 정읍시 신정동 연구개발특구 일원에 국제기준을 갖춘 첨단 교육시설의 구축으로 연간 1,200명의 글로벌 표준에 적합한 제약산업 인재를 양성하여 글로벌 제약산업을 선도할 수 있는 역량을 갖출 수 있는 발판을 마련하게 된다.

구축될 센터는 교육 기능에만 그치지 않고, 원료·완제의약품 분석 및 임상·비임상 분석, 국제 GMP 기준에 맞는 컨설턴트 등 기업에서 수행하기 어려운 분야를 지원하는 기업지원 기능도 수행할 예정이다. 지역 그린 바이오산업 육성에도 기여할 것이다. 특히 정읍의 그린 바이오산업의 융합생물학 분야를 견인할 인재 양성의 산실 기능도 담당할 것을 기대한다. 첨단의료복합단지 조성에도 청신호로 작용할 것이다.

　　가끔 전북대 정읍 캠퍼스를 떠올릴 때면 정읍 신정동에 제약산업 미래인력 양성센터가 구축되어 연 1,200명에서 2,000명(이수 과정당 100~200명)가량의 젊은이들이 정읍에서 생활하는 모습을 상상해 본다. 정읍 시내 곳곳에 젊은이들이 북적이면서 고령화로 생기를 잃어가는 시골, 인구소멸을 걱정하는 지방, 쇠락해 가는 지역경제 등의 부정적 이미지를 확 바꿀 것이다.

　　제약산업 미래인력 양성센터 구축 사업 선정에는 전북도를 비롯해 정읍시, 전북대 약학과 관계자 여러분이 함께 해주셨다. 우리 정읍시가 제약바이오산업의 거점이 될 수 있도록

나 역시도 최선을 다하겠다.

앞으로도 나는 우리 지역의 묵은 현안을 해결하는 일에 매진할 것이다. 묵은 현안을 해결하며 정체된 우리 지역의 시계를 돌리는 것이 내게 주어진 과업이라고 생각한다. 단순히 국회의원의 치적 쌓기용이 아닌 오랜 시간 멈춰 있는 현안들을 정비하고 해결한다면 우리 정읍에 많은 변화가 찾아올 것이라고 나는 믿는다.

바지런하게 지킨 약속

바지락 자체 종패시설 전국 최초 구축

어린 시절 고창 외가에 가면 할머니는 바다 내음 가득한 한 상을 차려주셨다. 바삭한 생선구이에 새콤한 해초무침과 짭조름한 젓갈들로 차려진 외할머니의 밥상은 입암면 산골 소년이었던 내겐 별미 중의 별미였다. 바싹하게 구운 김에 따끈한 밥을 얹어 바지락 젓갈을 올려 먹으면 밥맛이 돌아 평소보다 두 배는 더 먹게 됐다.

어린 시절 내 밥맛을 돌게 한 바지락. 그 바지락의 전국

생산량의 77%가 우리 지역에서 생산된다. 그중 고창갯벌에서만 40%가량 생산되는데, 그 무한한 생산력 덕에 고창갯벌은 21년 여름, 유네스코 세계자연유산에 지정됐다.

그러나 천혜의 자연인 고창갯벌을 터전으로 둔 어민에게도 시름이 있었다. 갈수록 종자 수급이 어려워지는 것이 문제였다. 기후변화에 따른 해양 환경변화로 자연 상태에서 종자 발생이 확연히 줄었고 새만금 간척으로 자연 종자의 공급마저 어려워졌다. 자연히 외국, 특히 중국의 종자 수입에 의존할 수밖에 없었고 의존도가 높아지니 종자 가격은 쉬이 올랐다. 우리 어민들로서는 양쪽으로 난관이었다.

이대로라면 먼 훗날엔 내가 어린 시절 맛본 우리 지역 해산물을 맛볼 수 없는 상황이 올지도 모를 일이었다. 우리 어민들의 어려움을 해결해야 했다. 나는 어민들의 어려움을 해결해 드리기 위해 후보자 시절 이를 공약으로 선정했다. 공약으로 선정한다는 것은 어민들께 약속하는 것이었다.

나는 후보자 시절 정읍·고창의 농어축산업을 돈이 되는

산업으로 키우겠다 약속했다. 정읍·고창 인구의 30%가 종사하는 농어축산업을 발전시키지 않고서는 균형 발전이 어렵다는 판단에서였다.

나는 농어축산업 발전의 실행 전략으로 농수축산물을 제때, 제 가격으로 판매할 수 있는 생산·유통 체계 구축과 지역특산물 육성 및 명품화로 돈 되는 농업 지원 강화, 농업 공익가치의 제도적 보장강화, 귀농 귀촌 활성화로 농촌의 공동화 현상 저감, 농촌 생활환경의 정비 개선 등 5가지를 제시했다.

나는 지역특산물을 육성하고 명품화하는 전략을 통해 부가가치를 확대하고 싶었다. 그러기 위해선 우리의 품질 좋은 바지락을 육성하기 위한 종패시설 확보가 무엇보다 필요했다.

당선된 그해 가을. 바지런하게 움직인 결과 나는 어민들께 약속을 지킬 수 있었다. 전라북도와 고창군이 '친환경 양식 어업 육성' 사업 일환인 '패류 종자 대량 생산시설 건립 사업' 공모에 최종 선정된 것이다. 공모사업 선정은 송하진 전북지사님과 전북도 공무원 여러분, 그리고 고창군 관계자 여러분의 노고가 있었기에 가능한 일이었다. 모두 각자 맡은 역할은 달랐지만, 우리 어민들이 잘살고, 풍요로운 우리 지역을 만들고자 하는 마음은 같았다.

이로써 우리 고창은 전국 최초로 패류 종자를 대량으로 생산할 수 있는 최첨단 시설을 갖추게 되었다. 2023년까지 총 70억 원이 투입된다. 고창군 '수산 기술 연구소' 안에 ICT를 활용한 첨단 패류 종자 대량 생산 시스템이 마련되면 해외에서 패류 종자를 수입해 오느라 기울인 수고를 덜어드릴 수 있을 것이다.

우리 모두의 바람처럼 종패시설이 우리 어민을 더 잘살게 하는 씨앗이 되길 바란다. 우리 지역의 발전을 위해서라면 나는 앞으로도 누구보다 바지런하게 뛸 것이다.

더 새로운 신태인을 위하여

신태인 도시가스 공급 확정

평안북도 '의주' 옆엔 '신의주'가 있듯이, 우리 정읍의 '태인' 옆에는 '신태인'이 있다. 어느 지역이나 지역발전에는 철도가 중요한 역할을 하지만, 신태인과 철도의 인연은 남다르다. 바로 신태인이라는 지명이 철도 때문에 생긴 이름이기 때문이다. 1912년 호남선에 신태인역이 생기면서, 태인 용북면은 신태인면으로 삼천리는 신태인리로 바뀌었다. 이처럼 신태인이라는 지명은 신태인역 명에서 비롯되었다.

동진강이 흘러 풍요의 땅이었던 신태인은 호남지방에서 가장 많은 곡물이 거래된 지역이었으나, 그 풍요로운 이면에는 많은 아픔이 있었다. 일제강점기에는 가장 많은 수탈이 일어난 지역 중 하나가 신태인이었으며, 신태인역 옆에 자리한 만석보터는 동학농민혁명의 장엄한 서곡이 울려 퍼진 곳이다.

　　이러한 신태인 지역에 도시가스 공급을 생각하게 된 것은 후보자 시절부터 받아온 민원 때문이었다. 신태인 지역 인근에 도시가스 대형 관이 지나가고 있음에도 불구하고, 신태인 지역은 도시가스 혜택을 누릴 수 없는 것에 많은 분이 민원을 제기하셨다.

　　그 당시 내가 생각하기에도 인근 도시가스 시설에서 신태인으로 관 하나만 이끌어 내면 될 것 같았다. 그러나 막상 실무작업에 들어가 보니, 생각처럼 쉬운 일이 아니었다. 하지만 신태인 도시가스가 가져올 편의와 이점을 생각하면 포기할 수 없는 일이었다.

정읍시를 비롯해 한국가스공사, 전북에너지서비스 등 관계기관과의 논의 끝에 2021년 1월. 전북ES의 신태인읍 수급지점 추가개설 요청이 한국도시가스공사에 접수됐다. 그해 5월까지 수급지점 수요물량 최종 검증 및 타당성 평가를 하고, 6월엔 정읍시청·가스공사·전북ES 등이 천연가스 공급협약서를 체결한다는 목표로 일을 진행했다.

12월 초순이었다. 한국도시가스가 공급심의위원회 심의를 거쳐 신태인읍 1,642세대와 농공단지에 도시가스를 공급하는 '도시가스 공급계획'을 승인, 의결했다. 이제는 공급설비증설계획 수립 등 내부절차를 거쳐 연내에 사장의 방침을 통해 최종확정하는 일정을 남겨놓고 있었다.

연말이 되자 '신태인 도시가스 공급사업'이 확정되었다. 공사는 22년부터 시작되었고 2024년이 되면 신태인의 주민 여러분에게 안정적으로 천연가스가 공급될 것이다. 신태인읍 도시가스 공급 승인 확정을 위해 우리 정읍시와 한국가스공사, 전북에너지서비스 등 관계기관과 관계자 여러분들의 도움과 협력을 정말 많이 받았다. 그분들의 협업이 없었다면 불

가능했을 것이다.

신태인에 도시가스가 공급되기 시작하면, 신태인 주민들의 삶의 질은 더욱 올라갈 것이며, 인근 산업단지에도 도시가스가 공급되면서 산업경쟁력은 더욱 강화될 것이다. 과거 철도가 신태인에 많은 변화를 불러온 것처럼, 도시가스가 우리 신태인에 많은 변화를 불러오길 기대해 본다.

드론에 띄운 염원

호남권 드론 통합지원센터 유치

오늘날 국가 행사나 지역 행사에서 드론을 활용한 공연을 어렵지 않게 볼 수 있다. 밤하늘을 별처럼 수놓는 드론을 볼 때면 인간이 만든 별이라는 생각이 들어 경이롭기까지 하다. 하늘에서 빛나는 드론과 비슷하게 과거 동양에서는 등을 하늘로 날려 보내며 소원을 빌던 풍등(風燈)이 있었다. 중국에서는 제갈공명이 처음 썼다 하여 공명등(孔明燈)이라 불리기도 하고, 대만에선 하늘에 뜬 등이라 하여 천등(天燈)이라 한다고 한다. 그 이름이 어떻든 인간이 하늘로 소원을 빌며 날리던 마음은 같았을 것이다.

2020년 4월. 당선인 신분이던 나는 하늘에 풍등을 날리듯 간절한 마음으로 호남권 드론 통합지원센터 유치를 위한 업무를 시작했다. 호남권 드론 통합지원센터 유치는 고창군민들에겐 항공을 위한 30년간의 염원이 담긴 일이었기에 그 마음가짐이 남달랐다. 또한, 드론은 농업, 환경, 배송, 영상, 각종 재난 환경 등에서 다양하게 활용되어 미래 산업으로의 가치가 컸다.

우선은 고창군 관계자들과 협의를 했다. 어떻게 해야 일을 만들 수 있을 것인가 작전 회의를 거듭했다. 이를 통해 고창군의 '드론 인프라 구축 사업'은 농식품부보다는 국토교통부의 사업으로 진행하는 것이 좋겠다고 판단했다.

2021년 국회 예산심의 단계에서 기획재정부 관계자들을 만났다. 호남권 드론 산업의 당위성을 설명하고 설득했다. 최종적으로는 '호남권 드론 통합지원센터' 사업 진행을 위한 용역비 2억 원을 우선 확보해 두었다. 목표하는 지점으로 가기 위한 지도이자 차비인 셈이다.

　2022년에 '호남권 드론 통합지원센터' 용역이 본격 진행되었다. 이 과정에서 수시로 국토교통부 관계자들을 만났다. 실무자 중심이 우선이었다. 지위고하가 문제가 아니었다. 상대가 누구든 고창군 내 '호남권 드론 통합지원센터' 유치의 당위성을 설명하였다. 올해 후보지로 선정된다면 바로 사업이 진행될 수 있도록 2022년 국회 예산심의 단계에서도 우원식 예결위원장을 면담하고 추경호 장관을 비롯한 기획재정부 관계자들을 만나 설득하였다. 그렇게 해서 2023년도 예산 실시 설계비 6억 원을 확보했다.

　그 결과 올해 초 좋은 소식이 날아들었다. 고창군이 '호남권 드론 통합지원센터' 건립지로 최종 선정된 것이다. '호남권 드론 통합지원센터'는 고창군 성내면 일원에 세워질 예정이다. 이제 이곳은 드론 산업 발전을 위한 시험과 인증 및 교육과 자격 공간으로 구성될 것이다. 국토교통부가 국비 총 180억 원을 투자해 활주로 조성, 건축공사, 장비 구축 등의 일체를 진행하고, 고창군은 주변 부지를 정리하고 도로와 상하수도 등 기반 시설 조성을 구축하면 된다. 센터건립으로 상대적으로 소외됐던 성내면 지역 전체가 다시 한번 새로워지는 효과를 기대할 수 있게 된 것이다.

본래 우리 고창군은 항공 특성화고인 '강호항공고'가 인재를 양성하고 있어 경비행장 조립공장 유치 등 항공산업에 여러 시도를 해왔었으나 성과를 내지 못했었다. 그러나 '호남권 드론 통합지원센터'를 유치하면서 그 오랜 염원을 이룰 수 있게 되었다. 고창군민의 항공 관련 사업에 대한 열망이 '드론 사업'이라는 새로운 보배를 만난 것이다.

구슬이 서 말이라도 꿰어야 보배라는 것은 오랜 진리다. 항공 특성화고인 '강호항공고'와 연계하여 드론 전문 특화교육을 진행하면 영농·산림·재난관리 등 나날이 급격히 늘고 있는 농촌의 드론 수요에 맞는 드론 운용 실무자 양성이 가능하다. 지역과 교육과 산업이 연계되는 구슬 서 말이 멋지게 꿰어지는 청사진이 그려진다.

사업이 진행되는 단계마다 도와주신 고마운 분들이 많았

다. 고창군·전라북도 관계자 여러분은 물론이고 국토교통부, 기획재정부의 실무진들도 합리적인 의사 결정과 적극적인 업무 협력을 통해 지원해 주었다. 이제는 우리가 잘 만들어 내는 일이 남았다. '호남권 드론 통합지원센터'가 실질적인 호남권 드론 산업의 중심지로 잘 성장하고 연관 산업을 견인하고 인재를 양성하여 고창의 성장을 돕는 선순환 구조를 만들어 내는 것은 우리의 몫이다. 우리의 염원을 담은 드론이 더 높이 더 멀리 날아가길 소망한다.

백문이 불여일견

국민연금공단 연수원 유치

백문이 불여일견(百聞不如一見). 백 번의 말보다 한 번의 경험이 중요한 분야가 나는 관광이라고 생각한다. 백 번 홍보해도 관광객이 오지 않으면 그것은 무용한 일이 되지만, 단 한 번이라도 우리 정읍·고창을 방문하면 다시 오지 않을 수 없도록 만드는 것이 관광의 요체다.

삼 년 전 2020년 11월 초겨울 무렵이었다. 정읍시민들께 희소식을 안겨드렸다. 국민연금공단 연수원 설립 후보지로 정읍시가 최종 확정되었다는 소식이었다. 국민연금 연수원 설립 소식에 많은 정읍시민 여러분이 기뻐하고 이 소식을 환영해 주셨던 기억이 난다.

우리 정읍시가 국민연금공단 연수원 유치에 도전장을 내민 것은 2020년 7월이었다. 국민연금공단이 '지역 균형 발전과 혁신도시법'에 따라 연수원 후보지를 전라북도로 한정한 후 도내 지자체를 상대로 후보지 제안을 요청한 것이 그 시작이었다.

국민연금공단연수원 건립부지

세계 3대 연금기관인 국민연금공단 연수원 유치에 전라북도 내 많은 지자체가 관심을 보였다. 정읍시청에선 연수원 유치를 위해 부서별 회의를 수시로 열었고, 관계 공무원들은 국민연금공단 본부와 전북도청, 국회 등을 여러 차례 방문하며 유치의 필요성과 당위성을 알리며 연수원 유치에 누구보다 강력한 의지를 보였다. 나에게도 SOS가 왔다. 국민연금공단 이사장이 공직에 있을 때 차관회의 멤버였다.

우리 정읍시가 제안한 부지는 내장산 국립공원 인근으로 천혜의 자연환경과 더불어 KTX와 SRT, 고속버스 등 뛰어난 교통 인프라와 차량 진입도로, 상하수도 등 기반 시설이 완벽하게 갖춰진 최적의 입지 조건을 갖춘 부지였다. 더구나 공공기관 유치에서 가장 어려움을 주는 사유지 매입 절차를 거치지 않아도 되는 시 소유의 시유지였다.

우리가 이토록 강력한 의지를 보였던 이유는 전기안전공사 연수원, JB금융그룹 연수원 유치에 이어 국민연금공단 연수원까지 전북권 연수원 메카를 달성하고자 하는 남다른 목표가 있었기 때문이었다. 또한 정읍시가 지향하는 사계절 체류형 관광지를 만드는 과정에서 꼭 필요한 관광 인프라인 숙박시설 문제를 해결할 수 있기 때문이었다.

그렇게 모두가 함께 한마음 한뜻으로 협업한 결과 정읍시는 전라북도 내 21개 후보지와 경쟁 끝에 국민연금공단 연수원 부지로 최종 확정되는 뜻깊은 결과를 얻게 되었다. 연수원 유치는 지역 농축산물 소비와 인력 채용으로 인한 일자리 창출, 건설 경기 활성화 등 지역경제 활성화에 많은 도움이 된다. 관광 측면에서는 7,500여 명의 국민연금공단 직원은 물론 그 가족이 정읍을 방문하는 경험을 갖게 된다는 데 더 큰 의미가 있다고 생각한다.

후일담이지만 국민연금공단 감사가 정읍시와 경합했던 남원출신이고, 실제와는 다른 이야기 이겠지만 그 분이 연수원 유치경쟁에서 정읍시에 패하자, 이사장 등에게 많은 어려움을 주었다는 소리도 들렸다.

이제 연수원 건립에 필요한 예산을 잘 챙기고, 연수원 유치가 지역경제로 선순환될 수 있도록 두루 살피는 일이 남아 있다. 또한, 이에 그치지 않고 오래된 논의인 청소년 숙박시설인 유스호스텔과 내장산 관광호텔 등 숙박시설도 조기에 건립될 수 있도록 촉구해 실제로 이루어지도록 만들어야 한다.

연수원 방문 등을 통해 우리 정읍을 처음으로 방문한 손님이 정읍의 멋을 경험하고 다시 오고 싶어지도록 만들어야 한다. 한번 와보면 다시 오지 않을 수 없는 정읍을 만드는 일이 중요해졌다.

제3장

입법과 예산으로
해결할 수 있다면

입법과 예산으로
해결했습니다

억강부약의 마음으로

약자를 위한 무기와 방패, 입법과 예산

국회의원은 법안을 만들고 첨예한 이해관계를 조정해 이를 법안으로 통과시키는 일, 한정된 국가 예산을 적재적소에 배정하는 일, 예산이 제대로 쓰이는지 점검하는 일, 국민의 목소리를 대변하는 일 등 어느 하나 허투루 넘길 수 없는 막중한 책무를 수행한다.

그중 국회의원의 입법은 가장 강력한 무기이다. 나는 이 강한 힘을 약자를 위해 쓰고 싶었다. 2023년 5월 31일 국회의

사당에서 열린 제75주년 국회 개원 기념식에서 나는 제1회에 이어 '제3회 대한민국 국회 의정대상'을 수상하는 영예를 안 았다.

지난해 5월 국회 본회의를 통과한 산업재해보상보험법 일부개정법률안이 우수 법률안으로 선정된 결과였다. 산업재 해보상보험법 일부개정법률안은 택배기사 등 특수형태근로 종사자들이 산재보험 적용 제외 신청제도로 인해 산업재해로

제3회 대한민국 국회 의정대상 김진표 국회의장님과 함께

부터 법적 보호가 유명무실화되고 있는 문제를 지적하며, 일하는 모든 국민이 산재보험의 혜택을 받을 수 있는 기틀을 마련하기 위해 발의된 법안이었다.

한 번 받기도 어렵다는 이 상을 국회 등원 직후인 2021년 수상하고 난 후, 또다시 받게 되었다. 국회의장과 부의장뿐만 아니라 외부 전문가로 구성된 심의위원회가 전체 국회의원이 대표발의한 법률안을 심의·평가해 선정하는 만큼 상의 무게감이 여타의 상과는 확실히 달랐다. 사회적 약자를 위한 입법의 중요성을 다시금 깨닫는 순간이었다.

국회 등원 이후로 나는 민생을 위한 법안 발의를 위해 매진했다. 그 결과 지금까지 270건 이상의 민생법안을 발의했으며, 2022년에는 더불어민주당 전체 국회의원 중 민생법안 발의 건수 1위(2022.12.28. 기준)에 오르기도 했다. 이외에도 더불어민주당 3년 연속 국정감사 우수의원으로 선정되는 등 많은 성과가 있었지만, 이 모든 것은 나 혼자서 한 일이 아니었다.

법안 한 글자 한 글자에 민생과 지역발전을 담기 위해 나와 함께해 준 보좌진과 지역주민 여러분이 계셨기에 가능한 일이었다. 나의 모든 입법적 결실은 나와 함께해 준 보좌진과 지역주민들의 결실이다.

국회의원의 입법이 가장 강력한 무기라면, 나는 예산은 방패라고 생각한다. 예산이 있어야 사업을 지키고, 추진할 수 있기 때문이다. 그러나 후보자 시절 내가 살펴본 정읍·고창의 국가 예산은 오히려 줄어들거나 제자리걸음을 하고 있었다.

바로잡아야 했다. 그러려면 엄격한 기준이 필요했다. 당선자가 되어 다시 살펴봐도 해결해야 할 지역의 숙원과제는 넘쳐났고 예산은 턱없이 부족했다. 안타까운 마음은 접어두고 문제 해결을 위한 예산 확보의 기준부터 정했다. 그것은 '지역의 국비 예산 증가율을 정부 예산신장률보다 높이는 것'이다.

2020년은 모두가 힘든 한 해였다. 코로나를 비롯해 수해와 경제적 불황 등으로 대한민국 모두가 어려웠다. 나는 정읍·고창의 국회의원으로서, 국회 예산결산특별위원회 위원으로서 지역발전을 위한 예산 확보를 위해 매 순간 노력했다. 그 결과 사상 처음으로 전라북도 국가 예산이 8조 원 시대를 열게 되었다.

국회 예산결산특별위원회 위원으로 선임되자 바로 전라북도 14개 시군별 2021년 국가 예산 확보 중점사업을 심도 있

국회 윤준병의원실에 설치된 전북도민청

게 논의하는 예산정책간담회를 개최했다. 국회의원실에는 '전북도민청'을 설치하고 국가 예산 확보를 위한 전략 및 공조시스템을 구축해, 전라북도 예산과 지역별 예산 항목을 공유했다.

'전북도민청'은 국가 예산 확보를 위한 우리 지역과 전북의 종합상황실이었고 그 역할을 충실히 해냈다. 이 종합상황실을 통해 아무리 작은 지역 예산이라도 어디에 왜 필요한지 다 같이 파악하고 우리 전북 전체예산의 우선순위를 정했다. 우리 지역이 어디로 어떻게 나아가야 하는지를 관계자 모두가 공유한 셈이었다.

나는 전북을 책임지는 '예결위 예산안 등 조정 소위 위원'으로 선정되자마자 정부 예산 증가율 이상의 전북 국비 예산 확보, 농업예산 비율 3% 회복, 전북 발전의 시작이 될 신규사업의 반영 등을 염두에 두고 예산심사와 증액 협의를 하였다. 전북의 국비 예산 증가율은 전년 대비 8.7% 증가했다. 정부 예산 증가율 8.5%를 웃도는 결과였다. '지역의 국비 예산 증가율을 정부 예산신장률보다 높이는 것'이라는 원칙과 기준을 이행한 것이다. 예산은 단순한 숫자가 아니었다. 전북 도와 시·군, 관련한 모든 분이 한뜻으로 임한 결과였고 전북 의 단결된 힘을 확인한 순간이었다. 모두가 전라북도 국가 예산 8조 원 시대 개막의 주역이었다.

이와 더불어 신규사업도 대폭 증가시켰다. 352건에 4,940억 원을 확보한 것은 전북 발전의 종잣돈을 마련했다는 점에서 큰 가치가 있었다. 신규사업 예산이 확보된다는 것은 신규사업에 대해서 전체 사업비 예산을 정부가 승인하고, 다음 해에도 '계속 사업비'로 정부 예산에 계속 반영이 된다는 의미가 있어 질적으로도 의미가 있는 일이었다.

정읍·고창의 경우에도 정부 예산신장률보다 높은 국가예산확보를 위해 노력했다. 2021년도는 정읍 12.1%, 고창 10.6%, 2022년도 정읍 10.8%, 고창 13.3%, 2023년도 정읍 6.2%, 고창 7.4% 각각 증가한 국비 예산을 확보해 정부 예산 신장률 2021년 8.9%, 2022년 8.9%, 2023년 5.1%보다 높은 신장률을 달성했다. 약속을 3년 연속 지킨 것이다.

입법과 예산으로 우리 지역의 묵은 현안을 해결할 수 있었고, 지역주민의 삶의 질을 높일 수 있었다. 국회의원에게 많은 권한이 부여되는 이유는 그 강한 힘으로 많은 사람을 이롭게 하라는 데 있다. 앞으로도 억강부약의 마음으로 '해결하는 정치'를 위해 적재적소에 입법과 예산을 써 더 나은 정읍·고창, 더 나은 대한민국을 만들어 나가겠다.

쌀 한 톨의 가치

양곡관리법 개정안

한 톨, 한 톨 어찌 가벼이 여길 수 있겠는가

사람의 생사와 부귀가 여기에 달렸는데

나는 부처를 공경하듯 농부를 공경하노니

부처도 굶주린 사람은 살리기 어렵다네

— 이규보, 신곡행(新穀行, 햅쌀의 노래)

고려 시대 문인 이규보가 지은 시 신곡행(新穀行, 햅쌀의
노래)에는 그가 생각하는 쌀 한 톨의 가치가 고스란히 담겨 있

다. 실제로 쌀 한 톨이 만들어지기 위해선 햇빛과 비와 바람과 농부의 땀과 정성이 깃들어야 한다. 그 한 톨들이 모여 사람의 생사와 부귀를 논하니 그가 농부를 신에 빗댄 이유도 지극히 공감하는 바이다.

실제 밥 한 공기에는 적게는 2,000개 많게는 3,000개의 쌀알이 들어간다고 한다. 쌀 한 톨의 무게는 대략 0.02g에 불과하지만, 그 쌀이 지닌 가치를 생각하면 결코 가볍다고 할 수 없다. 먹거리가 풍부해진 지금은 쌀의 가치가 예전만 못하지만, 쌀은 여전히 우리의 주식(主食)이다.

어느 국가나 식량이 안정적으로 확보되어야 식량자급률이 올라가고 이는 식량안보에까지 영향을 끼친다. 우리나라의 경우 쌀은 공급이 수요를 충분히 감당하고 있지만, 밀·콩·옥수수 등 나머지 주요 곡물들은 대부분 수입에 의존하는 등 식량안보가 상당히 취약하다. 실제로 식량자급률은 44%, 곡물자급률은 21% 수준에 불과해 전쟁 등으로 국제정세가 불안정해지면 그 위기가 더욱 커지는 실정이다.

최근 2021년부터 쌀값이 폭락하기 시작하면서 우리 농촌과 식량안보에 큰 위기가 찾아왔다. 2021년부터 시작된 쌀값 폭락이 2022년까지 계속되었다. 이에 2022년 7월 하순 '양곡관리법 개정안'을 대표 발의했다. 기존의 법이 부실했기 때문이다.

　　현행법에도 '수요량을 초과하는 쌀의 초과 생산량이 생산량 또는 예상 생산량의 3% 이상이 되어 쌀 가격이 급락하거나 하락이 예상되는 경우'와 '쌀의 단경기(7~8월) 또는 수확기(10~12월) 가격이 평년 가격보다 5% 이상 하락하거나 하락이 예상되는 경우'에는 정부가 초과 생산량의 범위 안에서 쌀을 매입할 수 있는 규정을 담고 있다.

　　그러나 '할 수 있다'라는 규정이 문제였다. 현실에 유연하게 대응하도록 하기 위한 규정 '할 수 있다'의 대부분은 '할 수 없다', '안 해도 된다', '안 하는 이유'가 되는 데 사용되었다. 2021년 쌀값 폭락이 예측되면서 선제적 시장격리에 대한 요구가 빗발쳤으나 농식품부는 별다른 조치를 하지 않았다.

민생대책의 하나인 쌀값의 안정을 정부의 의지에만 맡겨둘 수 없게 되었다. 실효성 있는 대책이 필요했다. 쌀값 폭락은 우리 농민들의 생계뿐만 아니라 식량 자급과 장기적으로 식량안보까지 영향을 끼치는 일이다. 그래서 양곡관리법 시행령과 고시에 규정된 쌀의 매입 요건을 법률로 승격시키고, 요건에 해당하는 경우에만 초과 생산량을 의무적으로 매입하도록 하는 개정안을 만들어 대표 발의했다.

개정안에는 쌀값 정상화를 담보하기 위해 쌀 시장격리 의무화 규정뿐만 아니라 쌀 생산조정제, 즉 논에 다른 작물을 재배할 경우 정부 지원에 대한 법적 근거도 담았다. 약 20만 톤가량의 구조적 생산과잉은 타 작물 재배지원 등 생산조정을 통해서, 풍작 등에 의한 일시적 과잉은 시장격리를 통해서 쌀값을 안정시키겠다는 뜻이었다.

22년 9월에는 국회 농해수위 농림 축산식품 법안소위를 열고 대표 발의한 '양곡관리법 일부개정법률안'을 의결했다. 그러자 여당에서 안건조정위원회 회부를 요청했다. 그러나 국민의힘 의원들은 3차례의 안건조정위원회 회의 동안 매번

회의 참여를 거부하였다. 그 순간에도 쌀값은 계속 폭락하고 있었다. 나는 국회 농해수위 안건조정위원회 위원장을 맡아 동 개정안의 안건조정위 통과를 주도했다. 같은 해 10월 국회 농해수위 전체 회의에서 국민의힘 의원들의 거센 반대 속에서 '양곡관리법' 개정안이 통과됐다.

본격적으로 찬 바람이 부는 겨울이 왔다. 꾸준히 폭락해오던 쌀값은 80kg 기준, 전년 대비 24.9%까지 떨어졌다. 관련 통계조사 이후 전년 동기 대비로는 가장 큰 폭의 하락세였다. 당시 정부와 여당은 작금의 쌀값 폭락을 또다시 '전 정부' 탓이라 호도했다. 하지만 문재인 정부는 19만 원대를 지켜냈다. '현 정부' 출범 이후, 쌀값은 무려 12.5% 폭락했다. 53만 벼 재배 농가는 생존이 위협받는 지경에 이르렀다.

쌀값 폭락 문제로 촌각을 다투던 2022년 연말. 한 민원인이 지역사무실에 다급히 찾아왔다.

"의원님도 이것 한번 보십시오."

눈앞에 놓인 파란 상자를 보고 잠시 할 말을 잃었다.

"일부러 우리 농민들 열받게 하려고 이러는 것 아닙니

까? 대통령이라는 사람이 어찌 이럴 수가 있습니까?"

대통령의 연말 선물은 모두 '외국산 농산물'로 채워져 있었다. 당사자가 아닌 나조차도 유구무언, 드릴 말씀이 없었다. 이것이 우리 농업에 관한 현 정부의 생각 같았다.

부실 보고서로 반대하는 정부와 여당

정부와 여당은 시장격리가 의무화되면 매년 1조가 넘는 국민 혈세가 들어간다며 '양곡관리법' 개정을 강력히 반대했다. 정부와 여당은 이 주장을 뒷받침하기 위해 농식품부 산하 연구기관인 '한국농촌경제연구원'이 발표한 '쌀 시장격리 의무화의 영향분석' 보고서를 반대 논리의 증거로 활용하였다.

그러나 보고서의 저자는 국정감사에 참고인으로 출석해 '연구원장으로부터 보고서를 작성하라는 지시'를 받았고, 농식품부 사무관으로부터 법안의 핵심 내용인 쌀 생산조정제의 효과는 '제외'하라는 요청을 받았음을 실토했다. '정부가 쌀을 사면 어마어마한 혈세만 들어간다!'라며 국민을 상대로 양치기 소년처럼 외쳐대던 정부와 여당이 보고서를 조작한 것이다. 해당 보고서는 농식품부가 산하기관에 요청하여 작성된 부실 보고서였다.

'양곡관리법 개정안'이 농해수위 전체 회의에서 의결되어 법사위로 송부된 것은 22년 10월이었다. 그러나 여당 의원이 위원장을 맡고 있어 법사위에서는 송부받은 개정안을 상정조차 하지 않았다. 결국, 처리 시한인 60일을 넘겼고 농해수위의 민주당 의원 11명과 무소속 윤미향 의원은 '양곡관리법 개정안'을 본회의로 바로 보내는 것을 의결하였다.

공포될 전망은 밝지 않았다. 윤석열 대통령은 농식품부 업무보고를 받는 자리에서 양곡관리법 개정에 대해 부정적 견해를 노골적으로 드러냈고 '대통령 거부권 1호 법안'이 될 것이라는 전망이 나오고 있었다.

모든 창구를 통해 간곡히 호소하였다. 정부와 여당뿐만 아니라, 우리 당 의원들과 국민께도 우리 쌀과 우리의 내일에 대하여 온 마음을 다하여 충언을 드렸다.

"양곡관리법 개정안이 의결되면 논의 타 작물 재배지원을 통해 타 작물 투자를 늘려서 쌀 재배를 적정규모로 관리해 나갈 수 있고, 2천억 원 규모의 생산조정 예산만으로도 시장격리를 하지 않아도 되는 여건을 만들어서 1조 원의 재정 부담을 오히려 절감시키는 효과를 거두게 됩니다. 양곡관리법 개정안은 쌀 초과 생산량이 평년의 3% 이상이어서 쌀값이 급격히 하락하거나 쌀값이 전년보다 5% 이상 하락하는 경우, 초과 생산된 쌀만을 정부가 의무적으로 사들이도록 규정하고 있습니다. 일정한 '조건'이 충족될 때만 '제한'된 수량을 의무적으로 매입하는 것입니다.

게다가 쌀 시장격리 의무제 시행을 최소화하기 위해 쌀 생산조정을 상시로 유도하는 장치도 담았습니다. 농민 스스로가 쌀 초과 생산량을 줄이도록 벼와 다른 작물 재배면적을 연도별로 관리하고 논에 다른 작물을 재배하는 농업인에 대해서 재정적인 지원을 할 수 있도록 규정하고 있습니다.

현 정부가 이 법안을 받아들이기 수월하도록 정부가 걱정하는 생산조정의 소극적 참여에 대한 보완책도 마련했습니다.

이는 국회의장의 중재안을 수용한 것입니다. 쌀 재배면적 총량이 증가한 경우에는 쌀 시장격리 의무제를 시행하지 않을 수 있도록 개선하고, 쌀 재배면적이 증가한 시·도에는 불이익을 줄 수 있도록 보완했습니다. 쌀 시장격리 의무제의 작동 요건도 부분적으로 완화해 초과 생산량의 범위를 3~5%, 쌀값 하락 범위를 5~8% 내에서 대통령령으로 정할 수 있도록 탄력성을 부여했습니다.

무엇보다 농민들에게 꺼져가는 희망의 불씨를 살려줄 수 있습니다. 윤석열 정부 들어 쌀값이 12.5% 급락하면서 농가 소득은 1.62조 원이 감소했습니다. 거기에 농사용 전기요금은 2년 전보다 2배 이상 폭등했고, 농업용 면세유도 92.9% 급등했습니다. 이처럼 윤정부 출범 이후 우리 농가 경제가 급속도로 악화하였습니다.

논밭에서 정말 힘들게 농사짓고 계신 우리 농민들의 숭고한 땀과 노력의 결과가 정당하게 인정받을 수 있도록 도와주십시오. 동 법안의 본회의 부의 요구 표결에 찬성해 주실 것을 간곡히 호소드립니다.

이번 양곡관리법 개정안에 담긴 내용은 농민의 소득보장과 국가의 식량안보, 재정의 안정적인 운영 등에 큰 보탬이 될 것입니다. 농민의 생존을 위한 최소한의 길이 무엇인지 깊이 성찰해 주길 바랍니다."

상황을 정확히 파악하고 찬성해달라, 우리 농촌을 돌아봐 달라고 내 영혼을 다해 호소하였다. 이 마음이 널리 퍼져 국회 본회의에서 통과되어 그 뜻을 이루기를 기도하였다.

2023년 3월 23일 '양곡관리법 일부개정법률안'이 본회의를 통과하였다. 뜻을 모아주고 같이 걸어준 모든 분에게 감사했다. 작지만 큰 승리였고 민의가 어디에 있는지, 나아가야 할 방향이 어디인지 보여 주는 중요한 의미를 지닌 과정이었다.

같은 달 29일 한덕수 총리는 양곡관리법 개정안의 한 축인 쌀 생산 조정은 외면하고, 쌀 시장격리 의무화만 강조하며, 대통령 거부권을 운운하는 담화문을 발표하였다. 이날 더불어민주당 이름으로 긴급 기자회견을 열었다. 이날 기자회견에선 농해수위 소속 더불어민주당 의원 12명이 양곡관리법의 필요성과 정부와 여당의 잘못된 주장을 바로잡고 국민 66.5%가 찬성하는 '양곡관리법 개정안'에 대해 민심을 받들어 즉시 공포하고, 대통령에게 거짓 보고를 한 정황근 농식품부 장관을 즉시 해임할 것을 강력히 촉구했다.

대통령의 거부권

2023년 4월 4일. 오전 국무회의에서 윤석열 대통령은 양곡관리법 개정안을 공포하지 않고 재의 요구(거부)를 의결했다. 이는 농민과 농업정책을 포기하겠다는 선언이었다.

국회에 양곡관리법 개정안이 이송되어 오면 재의결될 수 있도록 최선을 다하리라 마음먹었다. 또 정부가 생산조정이라는 간접적인 방식으로 쌀값을 정상화하고 안정시키는 '쌀값 정상화법'을 거부한 만큼, 농민과 농업을 보호하기 위해 이제는 '쌀 목표 가격제 부활', '쌀 생산비의 최저가격 보장제' 등 직접적인 수단을 적극적으로 입법하는 방안도 검토할 필요가 있었다.

이재명 당대표는 즉시 현장 농민 간담회를 열었다. 농업은 이미 전 세계적으로 안보 산업, 또는 전략 산업이 되어있는 시점이라는 것을 명확히 했다. 이렇게 중대한 시점에 현 정부의 결정이 탁상행정의 결과인지, 또는 오기 행정의 결과인지 모를 일이나 정부로서, 또 여당으로서 기본적인 역할을 해줄 것을 기대한다는 정중한 지적도 있었다.

'국회 농해수위 전체회의 양곡관리법 현안 질의'에서는 정황근 농식품부 장관이 양곡관리법 개정안 내용조차 제대로 숙지하지 못한 채 대통령에게 재의 요구를 건의한 것으로 밝혀졌다. 양곡관리법의 주무장관이 개정안 내용조차 제대로 숙지하지 못한 채 매년 1조 원의 혈세가 낭비된다는 허위 사실로 국민을 속이고 민심을 조작했다. 장관은 왜곡된 보고를 통해 국무총리와 대통령에게 재의요구를 건의했고 대통령은 '양곡관리법 개정안'에 대해 재의결을 요구했다. 이는 우리 농업의 내일과 식량안보를 거부한 것이었다.

4월 13일 본회의 재의결 투표에서 가결 요건인 출석의원의 3분의 2 이상 찬성을 얻지 못했다. 본회의 재투표에서 부결되었다.

끝나지 않은 양곡관리법
쌀값 정상화 대체 3법 발의

쌀 재배 농가의 소득안정과 식량안보 확보는 포기할 수도 없고 분리할 수도 없는 두 가지 정책 목표다. 이를 위해서는 대체입법을 통해서라도 쌀값 정상화를 이뤄내야 했다. 이에 부결된 바로 그날, '쌀값 정상화 대체 3법'을 대표 발의했다. 쌀값 정상화의 대체입법으로 '쌀 생산비를 기초로 하는 최저가격 보장제 도입', '쌀 목표가격 및 변동직불금제 부활', '농산물가격 안정제 도입' 등을 주요 내용으로 하는 '양곡관리법', '농업·농촌 공익기능 증진 직접지불제도 운영에 관한 법률', '농수산물 유통 및 가격안정에 관한 법률' 개정안을 그동안 준비해 왔다.

대표 발의한 '양곡관리법 개정안'은 쌀 가격이 평년보다 낮을 때에는 정부관리 양곡이나 공공 비축 양곡을 일반 판매용으로 매각할 수 없도록 규정하고, 그해 쌀 생산비를 매년 고시한 후 농민이 쌀 생산비보다 10% 높은 가격으로 매입을 요청할 경우 국가가 이를 매입하도록 했다.

'농업·농촌 공익기능 증진 직접 지불제도 운영에 관한 법률 개정안'에서는 쌀 시장격리 의무제가 정부의 반대로 무산되었기 때문에 쌀 시장 격리제 도입 전에 시행되었던 '쌀 목표 가격제·변동직불금제'를 부활시켰다. 정부에게 쌀 목표가격을 공시하도록 하고 목표가격과 그해 쌀의 수확기 평균가격의 차액의 90%에서 소농 직불금과 면적직불금을 빼고 남은 금액을 변동직불금으로 지급하도록 규정했다.

'농수산물 유통 및 가격안정에 관한 법률 개정안'에서는 농수산물의 가격이 평년 가격보다 5% 이상 상승하지 않았다면 수매 농수산물이나 비축용 농수산물을 판매하거나 방출할 수 없도록 하여 농수산물의 적절한 가격을 유지하도록 하는 법안이다.

이어 5월에는 그 내용을 보완하였다. '논 타 작물 재배지원'과 '정부관리 양곡 보관시설 점검·보완' 및 '정부관리 양곡 통합정보시스템 설치'의 법적 근거를 담은 '양곡관리법 일부개정 법률안'을 대표 발의했다.

우리는 지금 쌀 소비 급감으로 구조적 공급과잉 상태에 놓여 있다. 이런 상황에서는 밀·콩·사료작물 등 벼 이외의 작물의 재배면적을 연도별로 관리하고 지원하는 쌀 생산조정이 중단 없이 시행되어야 한다. 이를 위해서는 논에 벼 대신 다른 작물을 재배할 때 재정지원이 계속된다는 믿음을 농민들에게 줄 수 있어야 한다.

참담한 윤석열 정부의 2024 농업예산

매년 국가 예산의 5%를 농업예산으로 사용하는 미국은 주식인 밀, 콩, 옥수수 등 주요 농산물의 가격 하락을 막기 위해 2019년에만 무려 45조 원을 투자했고, 유럽연합도 2018년 17조 원, 일본은 작년 3조 원을 투자했다. 그런데 우리나라는 식량안보 지수가 OECD 38개 회원국 중 32위로 꼴찌에 가까운 수준이다.

이런 상황에서 윤석열 대통령이 대선후보 시절부터 직접 챙기겠다고 약속한 농업예산은 국가 전체예산 대비 2.8% 수준에도 미치지 못하고 있다. 농업직불금 5조 시대를 열겠다고 약속한 대통령 공약을 지켜내려면 매년 4~5천억 원이 증액되어야 하는데 내년도 예산은 겨우 3천억 원을 증액한 3조 1천억 원 수준에 그치고 있다.

이해인 수녀님은 예전처럼 쌀 소비가 되지 않는 현실을 안타까워하며 시 '쌀의 노래'를 지었다고 한다. '쌀의 노래'에선 "갈수록 살기 어려워도 절망하지 않고, 밥의 뜸을 들이는 기다림으로, 모락모락 피어오르는 희망으로 내일의 식탁을 준비해야 한다" 라는 구절이 나온다. 나 역시 어두운 현실에 절망하지 않고, 밥을 뜸을 들이는 기다림으로 희망을 피워 올릴 수 있기를 소망한다.

농자는 천하지대본이라

농업농촌 공익직불법

'농자천하지대본(農者天下之大本).' 농업이 천하의 근본이라는 말이다. 과거 농업사회로부터 비롯된 이 말은 현대에도 유효한 말이다. 극심한 기후변화로 농산물의 생산이 줄어들면 식량과 자원이 무기가 되어 우리의 근본을 흔들기 때문이다.

예나 지금이나 농사짓는 일은 힘들다. 현대에는 극심한 기후변화로 인해 그 어려움이 배가됐으며, 최근에는 천정부지로 치솟은 생산비도 농사에 어려움을 더하고 있다. 천하의 근본인 농민들의 시름이 깊어질 수밖에 없는 이유다.

정읍·고창의 지역사무실엔 매달 많은 민원이 접수된다. 정읍·고창은 농업에 종사하는 인구가 많은 지역이기 때문에 민원의 대다수는 농업 분야다. 그중 단연 높은 비율을 차지하는 민원은 바로 '직불금' 관련 민원이다. 직불금을 받기 위해 농산물품질관리원, 면사무소, 시청을 전전하다 마지막에 찾아오는 곳이 국회의원 사무실이었다.

많은 민원이 제기되는 것은 현행법에 문제가 있다는 방증이다. 후보 시절에도 공익직불금의 자격요건 문제를 조속히 시정해 달라고 요구했다. 당시 '농업농촌 공익직불법'은 해당 농지가 농사에 이용되었는가는 별개로 2017~2019년 3년 동안 직접지불금 등을 받은 실적이 없으면 기본 직접지불금을 지급할 수 없도록 규정하였다. 따라서 해당 3년간 직접지불금 등의 수령 자격이 있었음에도 이를 잘 알지 못했거나, 신청해도 단가가 낮거나, 신청 절차가 복잡하거나 등의 사유로 신청하지 않았던 대상 농민에게는 그 이후에도 지원이 불가했다. 이러한 불편이 쌓여갈수록 농민들의 불만 또한 쌓여갔다.

우선 먼저 손 볼 것은 조건을 완화하는 일이었다. 기본 직접지불금 대상 농지의 요건에서 '2017~2019년 중 1회 이상 직불금을 정당하게 지급받은 실적이 있는 경우'를 아예 삭제했다. 그렇게 농업농촌 공익직불법 일부개정안을 2021년 10월 말 발의했다.

2022년 9월 농림 축산식품 법안소위에서 본 법안을 '양곡관리법 개정안'과 함께 의결하였다. 그리고 그달에 국회 본회의를 통과하게 되었다. 이로써 우리 농민들의 큰 숙원이었던 '기본형 공익 직접지불금 제도'의 사각지대를 해소하게 되었다. '농업농촌 공익직불법 일부 개정안'이 국회를 통과함에 따라 농업인 약 56만 명이 새롭게 직불금을 받게 된다. 그분들 어깨의 짐, 등에 진 삶의 무게를 조금이나마 덜어드린 것 같아 마음이 흡족했다.

자격요건의 개선과 함께 '기본 직접지불금'의 사전 검증

체계도 개선해야 했다. 공익직불금 신청 단계부터 자격요건을 검증하고 부정수급이 발생하지 않도록 만전을 기해야 한다. 그렇지만 공익직불금을 마땅히 받아야 하는데 못 받고 계시는 분들을 우선으로 해결해 드렸으니 그 보람이 더 컸다.

올해 5월에는 공익직불금 통합관리시스템을 설치하는 내용의 농업농촌 공익직불법 일부개정법률안을 대표 발의 하였다. 공익직불과 관련한 데이터를 표준화하고 통합 검증 체계를 보다 고도화할 수 있는 '공익직접지불 통합관리시스템'을 구축하고 운영하기 위한 방안이었다.

공익직불제는 2020년 5월 전격 도입해 현재는 2조 8천억 원 수준이고 2027년에는 5조 원 규모가 될 전망이다. 이렇듯 공익직불금의 전체 규모를 키워갈수록 통합관리의 중요성은 커진다.

농업의 가치는 농업인만을 위한 것이 아니라 국민 전체의 공익을 위한 일이기도 하다. 불안정한 국제정세에서는 그 가치가 더욱 커질 수밖에 없다. 이것이 우리가 농업의 공익적 가치를 보호하고 육성해야 하는 이유다. 농자(農者)는 여전히 천하지대본(天下之大本)이다.

첫 번째 법안

농어업인 공익수당지원법안

첫 번째는 언제나 특별한 의미가 있다. 첫걸음마, 첫인상, 첫사랑, 첫 월급, 첫 여행처럼 첫 번째 법안은 '처음'이기 때문에 그 의미가 남다르게 느껴진다. 나에게도 첫 번째 입법안이기 때문에 그 의미가 더욱 남다른 법안이 있다. 바로 '농어업인 공익수당지원법안'이 그렇다.

국회의원에 당선이 되어 정치를 처음 시작하면서 '나의 첫 번째 법안'을 무엇으로 할지 고민했다. 정치인으로 첫 발걸음을 내딛는 법안으로 그 자체로 상징성이 있다고 생각했기 때문이었다. 오랜 고심 끝에 '농업의 공익적 가치를 제도적 보장'하는 법안을 첫 번째 대표 발의 법안으로 정했다. 우리 정읍·고창 인구의 30%가 종사하는 농어업을 발전시키지 않고서는 균형 발전이 어렵다는 판단에서였다. 농어업 발전을 위해서는 농업의 공익적 가치를 제도적으로 보장하는 일이 선행되어야 한다고 생각했다.

환경의 가치가 하루가 다르게 올라가고 국가 간 식량안보 전선은 날로 치열해지고 있다. 이러한 상황에서 농업의 공익적 가치를 사회적으로 재인식하고 현재 지자체별로 지급하는 농업 공익수당을 국가 차원에서 추진하여 안정적인 토대를 만드는 것은 좁게는 우리 농업, 넓게는 우리 경제와 내일의 생존 및 성장 기반을 튼튼히 하게 된다. 그리하여 약속드렸다. 당선된다면 대한민국 21대 국회의원 윤준병의 1호 입법안은 '농업의 공익가치 보장을 위한 공익수당지원 기본법'이 될 것이라고 말이다. 그래서 21대 국회가 개원하자 윤준병의 1호 법안으로 '농어업인 공익수당지원법안'을 대표 발의했다.

주민들과의 약속을 지킬 수 있어서 기뻤다. 법안에서 한 해 120만 원 이상의 공익수당을 지급하고 이를 위해 국가가 50% 이상 비용을 부담하도록 명시하는 내용을 담았다. 농업과 수산업은 국민에게 안전한 농수산물과 식품을 안정적으로 공급하고 국토환경의 보전에 이바지하는 경제적·공익적 기능을 수행하는 기간산업이다. 그러나 그 기간산업은 힘을 잃어가고 있다. 농어업 가구의 소득은 도시 근로자의 65~80% 수준에 불과하고 고령화 속도는 도시보다 훨씬 빠르다. 국가나 지방자치단체의 지원 없이는 자생적으로 지속하기 어려운 상황이다. 따라서 농어촌을 살리기 위해서는 농업과 수산업이 가지고 있는 공익적 가치 즉 사회적 편익 중 시장에서 가치로 평가되지 않는 부분을 제대로 평가하여 공익수당으로 산출해 이를 농민과 어민들에게 지원할 필요가 있다. 제1호 법안에서는 국가와 지방자치단체는 농어업인 공익수당이 농어민 생활 안정과 소득향상에 필요한 수준이 되도록 최대한 노력하고 이에 필요한 재원을 마련하도록 했다.

구체적으로는 농어민 공익수당은 연 120만 원 이상의 금액을 관할 지방자치단체의 장이 지급하도록 했다. 국가는 공익수당에 드는 비용 중 50%에서 90%의 범위 안에서 그 비용을 부담하고 국가가 부담하는 비용을 제외한 비용은 해당시·도지사와 관할 기초지방자치단체의 장이 상호 협의하도록 했다. 이 법안이 현실화하였을 때 재정 부담에 무리가 없게 하기 위함이었다. 일부 광역지방자치단체들이 연 60만 원 규모의 공익수당을 지급하고 있는 점도 고려했다. 공익수당을 받는 농어업인에게는 공익기능을 수행하는 주체로서 역할을 다하도록 의무를 명시하였다. 농어업인에게 생태계의 보전, 전통문화 계승 등의 책무를 부여했다.

이 법을 발의하면서 정치인으로서 첫 번째 약속을 지킬 수 있어서 좋았다. 첫 번째가 의미가 남다른 것은 처음에 많은 의미를 두기 때문일 것이다. 첫 번째 법안을 발의하던 그날. 나는 초심(初心)을 잊지 않고 앞으로의 모든 법안을 첫 번째 법안처럼 발의할 것을 다짐했다. 앞으로도 윤준병의 첫 번째 법안은 계속될 것이다.

안전하게 안심하게

방사선비상계획구역 지자체 지역자원시설세 부과법

일주일에 몇 번씩 서울, 정읍, 고창을 오가다 보면 몸이 열 개라도 부족할 때가 많다. 국회 일과 지역 일 그 무엇도 놓치지 않고 일하기 위해선 시간 관리의 달인이 되어야 한다. 보통 이동할 때는 스마트폰을 활용한 업무를 볼 때가 많은데, 대중교통을 이용할 때는 SNS를, 업무차를 이용할 때는 전화를 할 때가 많다.

SNS는 일일 의정 보고로, 전화는 대개 지역주민들께 안부 인사를 드리며 민원을 청취하는 수단으로 쓰는데, 간혹 보이스피싱으로 오해받을 때를 제외하면 효율적인 방법이다.

"안녕하세요. 어르신. 국회의원 윤준병입니다."

"누구라고? 국회의원?"

"예, 지난번에, 경로당에서 뵀었지요. 안부 인사차 전화를 드렸습니다. 요즘 별고 없으신가요?"

"안그래도 내가 요즘 고개 돌리는 자리마다 걱정이라 통잠을 못 자."

소소한 안부 인사로 시작된 전화는 언제나 민원으로 이어진다. 어르신의 걱정은 인근의 영광 핵발전소가 문제였다. 발전소가 뜨거워지고, 구멍이 난 채 방치되었다는 이야기를 듣고 난 이후로 어르신 걱정이 끊이질 않은 것이다. 무슨 방법이 없겠냐는 어르신의 물음에 방법을 찾아보겠다 했다.

오랜 시간 우리 고창은 원전 소재지가 아니라는 이유로 각종 제도적 지원에서 소외당해 왔다. 코앞에 영광 핵발전소를 두고도 말이다. 현행법으로는 원자력발전소가 있는 소재

지만 지원 대상이 됐다. 그래서 만에 하나 사고가 나면 방사
능 피해를 고스란히 겪어야 하는 우리 고창은 영광군이 지원
받고 있는 지역자원시설세조차 못 받는 실정이었다.

나는 원전의 안전성을 강화하고 재원 배분의 불균형을
해소하기 위해 '지방세법'과 '지방재정법' 개정안을 대표 발
의했다.

전국에는 고창군을 포함한 3개 시도가 원자력발전소 소
재지 시·도 밖 '방사선 비상계획구역'에 포함되어 있다. 이
구역에 포함된 지방자치단체는 의무만 부여받았을 뿐 법적
으로는 정부의 지원이 없고 방재 인프라 구축 등 안전성 확보
방안 마련이 어려운 실정이다. 이를 우선 보완하는 것이 시급
했다.

이를 해결하기 위해 '지방세법 개정안'에는 현재 원자력
발전 소재지 시·도에만 지원하는 '지역자원시설세'를 소재지
에 인접한 시·도 '방사선 비상계획구역'에도 지원하는 내용
을 담았다. 또 '지방세법 개정안'에는 원자력발전소 인근 지

역주민들이 방사성폐기물 보관으로 잠재적 위험에 노출되고 있는 점을 명확히 하여 방사성폐기물에도 '지역자원시설세'를 부과하는 내용을 추가하였다.

더불어 '지방재정법' 개정안에는 재정력 격차 해소 및 안전 관리 사업 필요 비용 마련이라는 지역자원시설세의 목적을 위해 '방사선 비상계획구역'이 포함된 시군에 배분되는 보조금의 비율을 현행 100분의 65에서 100분의 75로 상향하였다.

이러한 개정안들의 입법이 완료되면 고창군의 경우 매년 약 200억 원 이상의 추가 재원 확보가 가능하다. 이렇게 확보된 재원은 방재 인프라 구축에 사용되어 일상의 불안함을 거두고 생활의 안전을 확보하는 데 씨앗이 될 것이다. 국가가 국민의 안전을 지키는 의무를 다해야 한다.

이도향촌을 위하여

농촌 공간 재구조화 및 재생지원에 대한 법률안

　　농촌인구가 도시로 이동하는 이촌향도 현상이 현재까지도 계속되고 있다. 이는 농촌이 직면한 가장 큰 문제다. 거기에 저출산·초고령화가 대한민국을 짓누르고 있다. 2022년 3분기 한국의 합계 출산율은 0.79였다. 농촌의 현실은 더욱 심각하다. 2020년 기준 농가 인구는 231만 4천 명이고, 농가 수는 103만 5천 가구였다. 이는 지난 30년 동안 각각 65.3%, 41.4% 감소한 수치다. 2020년 기준 농업경영주의 평균 연령은 66.1세이고, 65세 이상 농업경영주 비율은 56.0%다. 전국

평균 고령 인구 비율 14.3%를 감안하면 농촌 고령화의 심각성을 가늠할 수 있다.

역대 정부들 모두 국가균형발전을 외치며 농촌의 변화와 재생을 추진했다. 국가균형발전 5개년 계획, 삶의 질 향상계획, 농촌 지역 개발계획 등을 추진했으나 가시적인 변화를 만들지 못했다. 도시 근로자보다 농업소득이 적다 보니 도시를 향해 떠나갔고, 농촌의 빈집은 빠른 속도로 늘어만 갔다. 농촌 공간에 대한 법적·제도적 장치가 미비한 탓에 주민 생활에 악영향을 미치는 시설이 농촌 마을 주변에 무분별하게 입주하는 등 난개발이 이어졌다. 인구가 줄자 어린이집이나 산부인과 병원이 줄고, 시내버스가 운행되지 않는 지역도 속출했다. 이로 인해 농촌의 정주 여건은 점점 더 열악해지고 농촌다운 모습도 훼손됐다. 국토의 90%를 차지하는 농촌을 살기 좋은 삶터로 바꾸지 못한다면 저출산·고령화의 시계는 더욱 빨라질 것이다.

2021년 발표된 여론조사에 의하면 서울, 부산, 대구, 광주 등 10개 대도시에 거주하는 베이비붐 세대(1955~1974년생)

의 61.6%가 귀농·귀촌할 의향이 있는 것으로 나타났다. 이들은 귀농·귀촌에 가장 필요한 요소로 보건의료 시설(58.7%), 생활 여건 및 지역 기반 시설(37.7%), 안정적 수입원과 소득(27.8%)을 지적했다.

농촌 거주에 필수적인 주택 및 자녀 보육 등 농촌 정착에 필요한 기반을 제공하고, 농업소득 외 경제 활동으로 농민 소득을 보완한다면 이도향촌(離都向村)이 가시화될 수 있다는 자료다. 농촌의 정착을 유인하고 지속 가능한 농촌 사회가 조성되도록 제도적으로 잘 받쳐준다면 도시로부터 농촌으로 인구가 유입되어 우리가 염원하는 국가균형발전을 달성할 수 있다.

이에 농촌 공간에 대한 난개발을 방지하고 지방소멸 위기에 능동적으로 대응할 수 있는 제도적 토대를 만들고자 '농촌 공간의 재구조화 및 재생에 관한 법률안'을 대표 발의했다. 동 법률안에는 농촌 특성에 맞는 토지 이용 체계를 구축하여 농촌 공간의 난개발과 경제·사회·환경적 불균형 문제를 해소하고, 농촌 공간 재생의 4대 분야인 위해 시설 정비, 주거 및 정주 여건 개선, 일자리 창출 및 경제기반 조성, 부문별 생활 서비스 확대를 실현하여 농촌의 일터·삶터·쉼터로서의 기능을 회복·증진시키는 내용을 담았다. 농촌 공간의 재구조화 및 재생이 활발히 이루어진다면 농촌은 쾌적하고 매력적인 공간으로 재편되어 '가고 싶은 곳', '살고 싶은 곳'으로 각광받게 될 것이다.

농촌의 잠재력과 기대 역할을 제대로 실현할 수 있는 농촌 공간의 재구조화 및 재생을 위해선 정부와 지자체가 적극적으로 나서야 한다. 정부와 지자체가 농촌 공간의 정비와 지역 단위 네트워크 구축지원 등에 앞장서야 한다. 정부와 지자체가 공동의 다양한 사업들을 추진하는 '농촌협약'을 체결하고, '농촌 재생 프로젝트' 사업들을 패키지로 지원하는 것이 중요하다.

농촌이 일터·삶터·쉼터로서의 기능을 회복하고 활력을 되찾을 수 있도록 '농촌 공간의 재구조화 및 재생 사업'을 지금부터 시작해야 한다.

나는 언론 인터뷰와 기고문 등을 통해 우리의 공간이 살기 좋게 바뀌면 사람을 움직일 것이라는 점을 기회가 있을 때마다 역설했다. 올해 3월 첫날, 마침내 '농촌 공간 재구조화 및 재생지원에 관한 법률안'을 포함하여 대표 발의한 민생법안 7건이 국회 본회의를 통과하였다.

함께 국회 본회의를 통과한 '귀농·어 귀촌 활성화 및 지원에 관한 법률'에는 40세 미만의 청년이 귀농·어업 귀촌인이 되고자 할 때 우대 지원할 수 있도록 개정하는 내용이 담겨있고 '농어촌정비법'에는 해당 시·도지사 등이 매입한 빈집을 농어업 분야 내·외국인 노동자가 거주하게 할 수 있도록 법적 근거를 마련해 매년 지적되는 농어촌 인력들의 노동 환경 개선과 농어촌 빈집 활용 등 효과를 기대한다.

이러한 법안들은 서로 상호 간에 밀어주고 끌어주어 우리의 농어촌을 살기 좋은 곳으로 만들어줄 것이다. 앞으로도 이촌향도가 아닌 이도향촌을 위한 나의 노력은 계속될 것이다.

동학농민혁명은 계속된다

동학농민혁명법

'안녕하십니까.

동학농민혁명의 발상지이자 성지인 전북 정읍·고창 국회의원 윤준병입니다.'

국회의원에 당선된 이후 저자를 소개할 때 하는 인사말이다. 국정감사, 회의, 토론회, 행사 등에서 늘 사용하는 이 말은 이제 이등병의 관등성명처럼 자다가도 일어나서 할 수 있는 인사말이 됐다.

　　짧은 소개말에 동학농민혁명을 언급했던 이유는 사람들
이 인사말을 들은 그 짧은 순간에라도 동학농민혁명의 숭고
한 가치를 잊지 않고 기억하길 바라는 마음에서였다. 그것이
동학농민혁명의 성지이자 발상지인 정읍·고창을 지역구로
둔 국회의원이 가져야 할 마음이라 생각했기 때문이다.

　　2023년 5월. 4·19혁명과 동학농민혁명 기록물이 유네스
코 세계기록유산(Memory of the World)에 등재됐다. 동학농
민혁명 기록물은 1894~1895년 조선에서 발발한 동학농민혁

명과 관련한 185점의 기록물로, 조선 백성들이 주체가 되어 자유, 평등, 인권의 보편적 가치를 지향하기 위해 노력했던 혁명의 세계사적 중요성을 인정받았다.

동학농민혁명은 민중이 중심이 된 최초의 근대화 운동으로 3·1운동, 4·19혁명, 5·18민주화운동, 6·10민주항쟁, 촛불시민혁명의 모태가 되었다. 민주와 민본을 구현하려는 헌법적 가치와 맥을 같이하는 우리 민주주의의 뿌리인 것이다.

'폭력적인 정치에서 백성을 구하고 나랏일을 도와 백성을 편안하게 한다'라는 동학농민혁명의 제폭구민(除暴救民)과 보국안민(輔國安民) 정신은 오늘, 지금의 시류에도 크게 거스르지 않는 가치다.

이러한 동학농민혁명의 가치를 재정립하고 되살리는 일은 이전부터 꾸준히 추진되어 왔다. 2020년 5월 18일에는 동학농민혁명의 정신을 대한민국 헌법의 전문에 포함해야 한다는 공동성명서가 '전국시도지사협의회'에서 채택되었다.

저자는 동학농민혁명의 고장을 지역구로 둔 국회의원으로서 동학농민혁명 기념재단이 기념공원과 기념관 등을 통합적으로 관리·운영하여 동학농민혁명기념공원 조성 사업을 원활하게 추진할 수 있도록 하기 위해 2020년 9월 '동학농민혁명 참여자 등의 명예회복에 관한 특별법' 개정안을 대표 발의했다.

그리고 올해 2월에는 1894년 9월 항일무장투쟁을 전개했던 2차 '동학농민혁명' 참여자들을 독립유공자로 서훈할 수 있도록 하는 내용의 동학농민명예회복법을 다시 대표 발의했다. 현행법은 일제의 침략으로부터 국권을 수호하기 위해 동학농민혁명에 참여한 사람의 애국·애족 정신을 기리고, 동학농민혁명 참여자와 그 유족의 명예를 회복하기 위한 사항들을 규정하고 있다. 특히, 현행법 제2조 제1호에서 제2차 동학농민혁명 참여자에 대해 '1894년 9월에 일제의 침략으로부터 국권을 수호하기 위하여 항일무장투쟁을 전개한 농민 중심의 혁명 참여자'로 정의한다.

이처럼 제2차 동학농민혁명 참여자들이 항일무장투쟁을

전개했음을 법에서 명시하고 있음에도 불구하고, 동학 농민들은 순국선열·애국지사로서 그 공로를 제대로 평가받지 못한 채 서훈에서 배제되어 온 것이다. 이에 개정안에서 문화체육관광부 장관은 동학농민혁명 참여자 명예 회복 심의위원회가 심의·의결을 거쳐 결정한 동학농민혁명 참여자로서 공적이 뚜렷한 사람에 대해 서훈 또는 표창을 추천할 수 있도록 했다. 또 문화체육관광부 장관의 추천으로 건국훈장·건국포장 또는 대통령 표창을 받은 2차 동학농민혁명 참여자는 건국훈장·건국포장 또는 대통령 표창을 받은 날에 '독립 유공자 예우에 관한 법률'에 따른 등록을 신청한 것으로 간주하도록 하는 내용을 담았다.

학계와 시민단체는 수년째 2차 동학농민혁명 참여자 중 공적이 뚜렷한 분들을 독립유공자로 서훈해줄 것을 촉구하고 있다. 을미의병 서훈이 합당하다면 일본군을 몰아내기 위한 항일 독립운동이었던 2차 동학농민혁명 참여자도 서훈해야 한다는 논리다.

하지만 국가보훈부는 내규로 독립운동의 시작을 명성황

후 시해에 항거한 '을미의병'(1895년)으로 정해 이보다 한 해 앞선 1894년에 봉기한 동학 농민군은 서훈되지 못하고 있다. 실제로 국가보훈부는 을미의병 참여자에 대해서는 1962년부터 최근까지 145명을 서훈했다. 그러나 똑같은 항일 독립운동인 2차 동학농민혁명 참여자는 한 명도 서훈하지 않았다. 이러한 이중잣대가 너무 오랜 시간 허용되었다. 더 이상은 안 된다.

현재까지 3,700여 명의 동학농민혁명 참여자가 확인되었다. 동학농민혁명은 대규모 항일 독립운동이었다. 당연히 관련 법안이 제·개정되거나 보훈부가 내규를 바꾸어 동학농민혁명 참여자들이 하루빨리 독립유공자로 서훈되어야 한다.

그러나 국가보훈부는 저자가 대표발의한 동학농민명예회복법 개정안이 지난 9월 법안소위를 통과하자 '보훈 관련 법안을 무시하고 형평성도 간과한 과도한 특혜를 주는 포퓰리즘 법안'이라는 입장을 냈고 다양한 언론을 통해 동학농민혁명을 폄훼하고 그 가치를 왜곡하였다. 이는 최근까지도 육사가 보여주고 있는 윤석열 정부의 왜곡된 역사관을 고스란히 보여주는 또 다른 예일 수밖에 없다.

　　최근 이 법안을 발의할 때만 해도 생각지도 못했던 일들이 연일 일어나고 있다. 후쿠시마 오염수의 해양 방류가 시작되었고, 육사의 독립운동가 흉상 이전 문제부터 친일 굴욕 외교까지 참담함을 금할 수 없는 일들이 연일 벌어지고 있다. 현실이 암담할수록 동학농민혁명이 지닌 그 숭고한 가치가 더욱 선명하게 다가온다. 왜 우리가 동학농민혁명의 가치를 재정립하고 지켜야 하는지 시대가 말하고 있다. 동학농민혁명은 여전히 진행 중이다.

김 군을 기억하며

근로감독 권한 지방정부 공유법

'김○○'

저자에겐 너무나 아픈 이름이자, 잊을 수가 없는 이름이다. 많은 사람이 구의역 김 군으로 기억하는 그 이름을 나는 기억한다. 그는 2016년 5월 28일 구의역 승강장에서 스크린도어를 혼자 수리하다 사망한 열아홉 하청업체 비정규직 청년이었다.

당시 많은 시민이 구의역 스크린도어에 김 군을 추모하는 포스트잇과 쪽지를 붙였다. 노동 현장에 만연한 '죽음의 외주화'와 안전조차 보장받지 못하는 비정규직 노동자들의 열악한 현실을 바꿔야 한다는 경각심이자 공감이었을 것이다. 저자 역시 김 군의 안타까운 사고는 여전히 가슴 한쪽의 아픈 상처이자 깊은 울림이었다.

그러한 계기로 국회에 처음 등원한 이후, 2년간 일해야 하는 상임위원회를 선택하는 데 환경노동위원회를 택했다. 근본적인 노동문제를 해결하는 데 일조하고 싶은 마음이 컸던 것이다.

특히 중점적으로 살펴본 현안은 바로 산업재해였다. 과연 전국의 사업장에서 산업재해로 인한 사고는 얼마나 발생하는가, 산업재해를 예방하고 방지하기 위한 정부의 노력은 제대로 이뤄지고 있는가, 이 산업재해로 고통받는 노동자들의 안전을 지킬 수 있는 방안들은 무엇이 있는가 등 산업재해로부터 노동자들의 생명을 보호하고 안전을 도모하고, 노동 존중 사회로 나아가는 것을 의정활동 중심에 뒀다.

노동자들의 실상은 생각보다 더 참혹했다. 하루 평균 6명의 노동자가 현장에서 명을 달리하고 있었다. 정부는 산업재해 사고로 인한 죽음의 행렬이 끊임없이 이어지는 이 비극적인 현실을 타개하기 위해 수많은 입법과 제도적 장치를 마련해 왔음에도, 산업현장에서 산재사고는 감소하지 않고 있었다. 즉, 국가의 근로감독 시스템이 산업현장에서 제대로 작동되지 않고 있다는 방증이었다.

그 중심에 바로 근로감독관 문제가 있다. 근로감독관은 산업현장에서 노동관계법이나 산업안전보건법 등이 준수되도록 감독 역할을 하는 첨병이다. 추락과 협착 등 기본적인 안전장치와 안전 수칙만 준수해도 발생하지 않을 후진국형 산업재해가 전체 산업재해 사고의 대다수인 만큼 근로감독과 근로감독관의 역할이 매우 중요하다. 하지만, 3천 명 남짓의 근로감독관으로는 200만 개가 넘는 전국 사업장을 담당하기에 너무나 부족했다. 반면, 광역시·도의 경우에는 해당 지역의 사업장에 대해 관리·감독할 수 있는 인력적 여력이 있어도 법적 근거가 없어 직접적으로 관리할 수 없는 상황이었다. 정부가 근로감독 권한을 지방정부와 공유하며 산업재해로부터 노동자들의 안전을 지킬 방법이 있음에도, 법적 근거가 없다는 이유로 아무런 조치도 취하지 못하고 있었던 것이다.

이에 고용노동부와 그 소속 기관뿐만 아니라 고용노동부 장관이 지정하는 특별시·광역시·도에 근로감독관을 두도록 하고, 대통령령으로 정하는 바에 따라 고용노동부 장관의 권한 일부를 시·도지사와 공유할 수 있도록 하는 '근로감독 권한 지방정부 공유법'을 2020년 7월과 11월 두 차례에 걸쳐 발의했다. 법안을 발의하자 당시 경기도지사였던 이재명 대표도 "안전 노동을 위한 윤준병 의원의 노력에 감사드린다."라는 입장을 냈다. 안전한 노동 현장을 만들기 위한 취지를 이해하고 뜻을 모아준 이재명 지사(현 더불어민주당 대표)에게 참으로 감사했다.

하지만, 정부는 법안의 취지를 왜곡하면서까지 정부가 가진 권한을 공유하는 것에 반대했다. 고용노동부는 물론, 일부 언론까지 가세해 근로감독 권한을 시·도지사와 공유하는 방안을 시·도지사에게 이양하는 것이라고 변질시키며, 국제노동기구인 ILO의 국제협약을 정면으로 위반하는 시도라고 주장했다. 그러나, ILO 협약 내용을 기계적으로 잘못 해석한 부처이기주의 논리에 불과했다.

실제로 2021년 환경노동위원회 국정감사를 준비하면서 ILO 국제노동기준국에 직접 연락해 근로감독 권한을 시·도지사와 공유하는 것이 ILO의 제81조 근로감독 협약과 제20호 근로감독 권고에 위배되는지 물었다. 그 결과, ILO 국제노동기준국은 '근로감독 권한을 지방 당국과 공유하는 것이 ILO 제81호 근로감독 협약에 위배되지 않는다'라는 답변을 해주었다. 이에, 법리적으로나, 정책적으로도 국가 사무인 근로감독 권한을 고용노동부의 하급(일반)행정기관의 지위에 있는 시·도지사와 공유하는 것이 더욱 바람직한 방안임을 강력하게 주장했다.

지금, 이 순간에도 일선 현장에서 일하고 있는 노동자들은 매 순간순간 생과 사를 오가고 있다.

빈 구호로 그치고 있는 산재 예방을 보다 실질적인 산재 예방으로 전환하기 위해서는 고용노동부의 근로감독 체계에혁명적인 혁신이 필요하다. 국가의 근로감독 체계가 조기에 정상화됨으로써 노동자들이 피부로 느낄 수 있는 긍정적인 삶의 변화를 만들어 나가는 일은 앞으로도 계속되어야 한다.

열심히 일한 당신 누려라

산업재해보상보험법

무쇠는 수많은 담금질을 통해 강철이 된다. 대장간에서 호미 한 자루가 만들어지기 위해선 무쇠가 뜨거운 불과 차가운 물을 견디고, 숱한 망치질을 이겨내야 한다. 저자에게는 지난 36년간의 공직 생활이 담금질의 시간이었다.

36년 동안 많은 일이 있었지만, 공직 생활 중 가장 힘들었던 순간은 언제나 사람을 잃었던 순간이었다. 억울하게 동료를 보내고, 허망하게 구의역에서 김 군을 잃었던 순간이 내겐 가장 고통스러운 순간이었다.

노동자와 안전을 위한 법안에 공을 들였던 이유도 그 고통을 되새기지 않기 위해서였다. 2021년 나는 모든 특수형태근로종사자가 산재보험을 적용받을 수 있도록 산재보험 적용제외 신청제를 삭제하는 '산업재해보상보험법' 일부개정 법률안을 대표 발의했다. 그리고 특수형태근로종사자의 산재보험 적용을 제한하고 있는 특정 사업에의 전속성 요건을 폐지하도록 앞장섰다. 그 결과 2022년 5월 국회를 통과하는 결실을 보았다. 이로써 일하는 모든 국민이 산재보험의 혜택을 받을 수 있는 기틀이 마련되었다.

올해 7월부터 개정된 내용이 시행되었는데 기존의 전속성 요건으로 인해 산재보험 적용에서 배제됐던 40만 명을 포함하여 약 63만 명이 추가로 산재보험의 보호를 받는 효과를 거두었다.

이 법을 발의하기 전, 산업재해 예방을 명목으로 기업에 할인해주는 산재보험료 액수는 매년 늘고 있었다. 하지만 혜택을 받은 기업 현장에서 발생하는 산업재해는 줄지 않고 있었고 이러한 현상은 특히 산재보험료 혜택이 집중되는 대기업들에서 두드러졌다.

2015년부터 2019년까지 5년간 58만 1,599곳의 사업장이 총 6조 9,601억 원의 산재보험료를 할인받았다. 그런데 2015년과 2018년을 비교하면 산재보험료를 할인받은 사업장에서 발생한 산업재해 사고자 규모가 1만 9,376명에서 3만 2,751명으로 증가했다. 사망자 수도 321명에서 418명으로 30%나 늘었다. 이는 그저 숫자가 아니었다.

사업장 수로 따지면 전체의 0.5%에 불과한 대기업과 연매출 2,000억 원 이상의 대형 건설사가 5년간 받은 할인액은 2조 8,313억 원으로 전체 할인액의 약 42%를 차지했다. 하지만 대형 건설사의 산재사고 피해자는 2015년 1,122명에서 2019년 3,252명으로 2,000명 이상 늘었다. 건설과 제조 산업에서 위험 업무를 하청업체에 맡기는 본청이 책임지지 않는 '위험의 외주화' 현상은 갈수록 심화하였다. 이러한 현상을 고려하면 잡히지 않는 숫자가 더 있으리라는 것은 불 보듯 뻔했다.

한편 산재보험료 할인 혜택이 대기업에 몰리는 이유는 '개별 실적 요율제'라는 계산 방식에 있었다. 이는 개별 사업장이 직전 3년간 낸 산재보험료와 실제 지출된 산재보험 급여 액수의 비율에 따라 보험료를 할인해주는 방식인데 보험료의 총량 자체가 큰 소수의 대기업이 유리할 수밖에 없었다. 또 이러한 방식은 산재보험 급여 액수가 줄면 할인 규모도 커지니까 대기업은 위험 업무를 하청에 떠넘기거나 산업재해 자체를 은폐하는 방식으로 업무를 진행하도록 부채질하는 요인이 되기도 했다.

더욱 문제가 되는 경우는 특수고용직 노동자였다. 택배 노동자 등 특수고용직 노동자 10명 중 8명이 산재보험의 사각지대에 있었다. 이른바 '산재보험 적용 제외 신청' 제도 때문이었다. 이는 산업재해보상보험법에 따라 '산재보험 당연 가입' 대상인 배달노동자, 학습지 교사, 택배기사, 골프장 캐디 등이 보험 적용을 받지 않겠다고 근로복지공단에 신청하는 제도이다. 그러나 실제로는 노동자가 원하기보다는 회사의 요구로 적용 제외 신청이 이루어지는 경우가 태반이었다. 특수고용노동자 10명 중 8명이 산재보험 제외를 신청했는데 대부분은 회사가 사실상 강요하였다는 조사 결과가 있었다.

이러한 환경에 놓인 노동자는 사실상 아무런 보호조치 없이 위험에 그대로 노출되는 것이다. 따라서 산재보험 적용 제외 신청 사유를 종사자의 질병, 육아, 또는 사업주의 귀책 사유로 인한 휴업 등으로 엄격히 제한하는, 더욱 적극적인 처방이 시급했다.

2020년 10월 '고용보험 및 산업재해보상보험의 보험료 징수 등에 관한 법률' 개정안을 대표 발의했다. 저소득 특수 고용 노동자와 영세사업주에게 국가가 예산의 범위 내에서 산재보험료를 지원할 수 있도록 하는 내용을 담았다.

특수고용 노동자의 산재보험 100% 적용을 위해서는 저소득 노동자와 영세사업주에 대한 산재보험료 지원이 필요했기 때문이다. 저소득 노동자와 영세사업주에게 고용보험료와 국민연금을 지원하는 두루누리 사업이 있었다. 이 항목에 산재보험료도 포함해서 지원하는 방안도 검토할 수 있는 일이었다.

사람을 잃고 무언가를 바꾼다는 것은 뼈아픈 경험이다. 열심히 일하는 모든 노동자가 더욱 안전한 환경에서 보호받으며 일할 수 있길 바란다. 그러한 미래를 위해 노동자를 위한 입법적 노력을 멈추지 않을 것이다.

제4장

해결사의
생각

해결사는
생각합니다

정치인과 정치꾼

'정치꾼이 아닌 정치인이 되겠습니다.'

이것은 3년 전, 내가 정읍·고창 주민들께 드린 약속이자 저자 자신에게 한 다짐이다. 유언비어와 흑색선전, 막말과 음해, 부정과 비리 등을 일삼는 정치꾼들을 멀리하고 나라와 지역을 위해 올바른 길을 가는 정치인이 되겠다는 선언이었다.

3년이 지난 지금도 그 생각과 마음은 변하지 않았다. 지난 3년 동안 정치꾼들처럼 노회해지지 않고, 정치인으로서 노련해졌다. '노회'와 '노련.' 비슷한 것 같은 이 말 사이에는 큰 차이가 있다. 노회는 경험이 많고 교활해짐을 뜻하지만, 노련은 경험으로 능수능란해짐을 뜻하기 때문이다.

처음 정치를 시작했을 때 "정치를 하려면 좀 뻔뻔해야 하는데, 저렇게 순수해서 어떻게 정치를 하려는지 모르겠다."라는 걱정 어린 이야기를 들었었다. 또 곧이곧대로 직언을 서슴지 않는 저자를 두곤 사람들이 "정치 언어를 배워라", "여의도의 문법을 배우는 게 좋겠다"라고 조언했다.

모두 저자를 걱정하고 위하는 말이었음에도 그 말을 받아들이기가 힘들었다. 순수성을 잃고 뻔뻔해지고 능수능란하게 여의도 문법으로 정치 언어를 구사하는 것이야말로 내가 경계하는 '정치꾼'의 모습이라 생각했기 때문이다.

내가 처음 정치인으로서 신고식을 치른 것은 SNS에 올린 전·월세 관련 게시글 때문이었다. 그 게시글의 본뜻은 한 국민의힘 소속 국회의원의 발언을 지적하고자 한 것이었다.

전세는 선(善)이고 월세는 악(惡)으로 낙인찍어 월세 세입자를 하류 계층으로 폄훼하는 듯한 그 의원의 발언은 문제가 있다고 생각했기 때문이다.

월세는 주거의 형태일 뿐 주거 수준이 아니라는 점을 강조하고 싶었다. 60%가 월세인 현실을 직시하고 월세 세입자의 주거비 부담을 줄이는 지원 정책이 시급하다는 것이 나의 의도였다.

하지만 장문의 글 중 '월세는 나쁜 것이 아니다.'라는 짧은 문구 한 줄은 정부의 부동산 정책에 반대하는 사람들에 의해 일방적으로 '월세 옹호' 정치인으로 프레임화되었다. 지속해서 설명했음에도 저는 '월세 옹호 프레임'에서 벗어날 수 없었고, 일부 사람들은 자신들의 사고방식에 맞춰 프레임을 증폭시키며 또 다른 비판을 이어갔다.

집은 '사는 것'이 아닌 '사는 곳'이고 '1가구 1주택'의 소신을 지키기 위해 강남 투기에 기웃거리지 않았으며, 거의 평생(30년 동안)을 북한산 자락의 연립주택에서 다주택자가 아닝 1주택자로만 생활해 온 점에 대해서 '여의도 정치 언어'는 한마디도 반응하지 않았다.

반대로 공직 생활을 마친 후 사무실로 사용하려고 준비했던 7평짜리 업무용 오피스텔에 대해서는 아무리 업무용의 사실관계를 설명해도 '여의도 정치 언어'는 '다주택자 프레임'으로 옭아맸다.

그 당시 여의도에서 만난 한 기자는 말했다. 정치인이 강조하고 싶은 얘기보다는 논란이 될 만한 부분만 크게 강조하는 것이 여의도라고. 아무리 사실관계를 바로잡으려 해도 이미 늦은 것이니 '여의도 정치 언어'에 빨리 적응하는 것이 상책이라고.

기자는 내가 바뀌어야 한다고 했지만, 나는 '여의도 정치 언어'가 바뀌어야 한다고 생각했다. 나는 '해결하는 정치', '책임있는 정치'를 하겠다는 포부를 가지고 정치를 시작했다. 진영논리를 위해 프레임에 가두는 '말의 정치'는 내가 추구하는 바가 아니었다.

나는 말보다 행동을 선택했다. 2020년 여름은 부동산 시장 문제로 그 어느 때보다 뜨거웠다. 그 당시 저자는 약자인 월세 세입자를 지원해 주거 안정을 높일 방안을 고심했다. 그렇게 해서 발의한 것이 월세 세액공제 비율을 10%에서 20%로 올리는 내용의 '조세특례제한법 일부개정 법률안'이었다.

월차임대료의 수준이 주택 가격에 비해 과도하게 높았다. 월세 기준은 전세 가격이 되었다. 주택임대차 계약 시 전세 계약과 월세 계약이 형평성을 유지해야 하는데 주택 임대차 시장에서는 은행의 대출금리가 낮다 보니 전세 계약보다 월세 계약을 체결하는 임차인의 금전적인 손해가 매우 큰 상황이었다.

당시 전세보증금의 전부 또는 일부를 월세로 전환하는 경우 산정률의 제한이 연 4%로 2020년 7월 기준 시중은행의 평균 대출이자율인 2.65%에 비해 너무 높았다. 실제 격차는 더 심했다. 연 6% 내외로 형성되어 있어 월세 임차인의 경제적 고통이 매우 컸다.

월세 임차인의 고통을 덜어드리는 방법으로 마련한 것이 월세액에 대한 세액공제 비율을 높이는 것이었다. 100분의 10에서 100분의 20으로 상향해 월세 임차인의 주거비 부담을 낮추고자 했다. 월세 세액공제는 월세 전환이 가속화되었던 박근혜 정부 시절 2014년에 도입됐다. 연 소득 7,000만 원 이하 무주택자가 전용 85㎡ 이하 주택에서 월세를 살면 연말정산에서 총 월세 지출액 중 10%를 돌려받을 수 있었다.

또 '깡통전세' 등의 부작용을 막고자 대표발의한 주택임대차보호법 일부개정법률안에는 '전·월세 전환율'을 현행 연 4%에서 2.5%로 인하하는 내용을 담았다. 월세 세입자의 경우, 저축해서 목돈을 만들 수 있도록 전세대출 우대금리 이상의 '근로자재형저축 제도'를 부활하고 전세금을 주택공시 가격의 120% 이내에서 결정할 수 있는 제도적 장치를 마련하는 등 여러 보완책도 모아 담았다.

시간이 흘러 저금리 시대에서 고금리 시대로 경제 여건이 바뀌었다. 월세가 대세가 되었고, 못살아서 월세를 선택하는 것이 아니라 고금리를 극복하는 경제적 수단의 하나로 월세를 선택할 뿐이다. 지금은 '월세가 나쁜 것이 아니다.'라는 저자의 말에 대해 비판하는 언론이나 유튜버들도 없다.

말로 한순간을 모면하기는 쉬웠을 것이다. 그러나 말로는 그 어떤 변화도 일으키지 못했을 것이다. 곤혹스러운 프레임을 벗어나기 위해 말로 더 충격적인 프레임을 만들어 내는 것이야말로 정치꾼이 하는 일이 아니고 무엇이겠는가.

2023년 국정감사를 위해 출근하는 길. 지인이 보내준 글이 유난히 내 마음에 와닿았다. 이청득심(以聽得心). 사람의 마음을 얻기 위한 최고의 지혜는 경청이라는 요지의 글이었다.

말 많은 정치판에서 모두 말을 고민한다. 그러나 중요한 것은 정치인의 말이 아니라 국민의 의사다. 정치꾼이 아니라 정치인이 되고자 한다면, 말을 어떻게 할지를 고민할 것이 아니라, 말을 어떻게 들을지를 고민해야 한다. 그것이 국민의 마음을 얻기 위한 정도(正道)이기 때문이다.

공천이 아닌 공정을 위한 선택

6·1 지방선거

쇠처럼 두꺼운 낯가죽이라는 뜻의 철면피(鐵面皮)라는 말에는 두 가지 이야기가 있다. 하나는 송사(宋史)에 등장하는 조변의 이야기다. 관원의 비리를 감찰하는 어사였던 그는 권력에 굴하지 않고 모두에게 엄정한 잣대와 엄격한 원칙으로 부정한 관원들을 처벌하는 사람이었다고 한다. 강직하고 공정한 그를 사람들은 철면어사(鐵面御史)라 불렀다고 한다.

또 하나는 중국 고전 북몽쇄언(北夢瑣言)에 나오는 양광원이라는 진사 이야기다. 그는 출세욕이 대단하여 아부와 아첨을 일삼고, 채찍질로 문전박대를 당하면서도 이를 개의치 않고 웃어넘기는 사람이었다고 한다. 그를 두고 당대 사람들은 '양광원은 부끄러운 낯짝인데도 두껍기가 열 겹의 철갑 같다(楊光遠慙顔 厚如十重鐵甲).'라고, 말했다고 한다.

애석하게도 오늘날 우리가 알고 있는 철면피의 의미는 양광원의 일화에서 비롯된 부정적인 의미가 더 크다. 공정한 관원을 칭송하는 일보다, 부정한 관원을 욕할 행태가 더 많았던 탓이 아닌지 짐작해 본다.

2022년 3월 25일. 6·1 지방선거를 앞두고 저자는 더불어민주당 전북도당 공천관리위원장을 맡게 되었다. 전북의 새로운 미래와 혁신을 앞당길 수 있는 후보를 선발해야 하는 막중한 책임이 따르는 자리였다. 후보 선출을 위해 철저한 검증과 공정한 경선 관리를 해야 했다. 한마디로 철면피들을 거르는 공정한 철면어사가 되어야 하는 자리였다.

공천을 준비하며 나는 가장 먼저 도민들과 시민단체, 언론의 의견을 종합적으로 청취했다.

"인기가 있더라도 도덕성이 낮거나 없는 분은 후보자로 추천해선 안 된다고 생각합니다."

"지역에 새로운 피를 수혈해 주십시오."

"기득권의 벽을 헐고 신진인사를 등용해야 할 때입니다."

"범죄경력자나 비리 혐의자는 후보 부적격자로 엄격히 관리해서 추천을 원천 차단해야 합니다."

"여성과 청년의 기회가 더욱 많아져야 한다고 생각합

제8회 지방선거 전 공직선거후보자추천관리위원회 회의 중

니다."

모두 합당한 요구였고, 나 역시 공감하는 바였다.

공정한 공천을 위해 전북도당 공관위는 과거를 답습해서 쉬운 길로 갈 것인지, 혁신을 통해 어려운 가시밭길을 갈 것인지를 선택해야 했다. 공관위는 단순히 선거 공학적으로 접근해 여론조사에서 우선 순위자를 기계적으로 공천하는 쉬운 관행의 길을 버리고, 도민들의 눈높이에 맞도록 엄정한 잣대로 심사하는 어려운 가시밭길을 선택했다.

그것이 민주당에 대한 전북도민의 합당한 요구를 받아들이는 것이고, 또 도민들의 눈높이라 생각했기 때문이었다. 공관위는 공천심의 과정에서 도민 눈높이에 맞는 도덕성, 정체성, 기여도 등에 비중을 두고 혁신 공천을 하고자 노력했다. 또한 여성과 청년, 신인 발굴에도 초점을 맞췄다. 개혁공천을 제대로 실천하고자 했던 나와 공관위원 모두의 단합된 마음과 노력이었다.

혁신 공천의 결과, 가시적인 성과를 거둘 수 있었다. 첫

째로 청년과 여성 후보가 늘었다. 전북의 민주당 여성 후보는 73명으로 전체 후보의 28%를 차지했고 청년 후보는 31명으로 12%였다. 여성 30%, 청년 20%를 달성하겠다는 애초의 목표에는 미달해 아쉬웠지만, 도시와 달리 농촌 지역은 인구 고령화로 인해 후보를 내기 어려운 현실을 감안해야 했다.

둘째로 기초의원 후보로 20대를 3명 추천했다. 20대 국회의원을 흔히 보는 유럽과 달리 우리나라에서는 20대 지방의원을 보기도 힘든 것에 문제의식을 느끼고 있었던 결과였다. 실제로 2018년 지방선거에서는 20대 후보자가 1명도 없었던 것에 비하면 고무적인 결과였다.

셋째로 범죄 경력 후보가 크게 줄었다. 부적격 후보자를 걸러내기 위한 엄격한 검증을 통해 전과 경력 후보가 4년 전보다 절반 가까이 줄었다. 2018년 지방선거 당시 도내 후보자 전과 경력자 비율은 41.6%였지만 2022년 지방선거 후보자들의 전과 경력자 비율은 29.6%로 낮아졌다. 특히 기초단체장 후보들의 전과 경력자 비율은 4년 전 40%에서 21.4%로 절반 가까이 줄어들었다.

이러한 성과에도 불구하고 잡음은 있었다. 중립성과 객관성을 생명으로 해야 하는 기자들마저 공천 결과에 따라 정치화되어 양분됐다. 특히 마이너 언론들은 그 정도가 심각했다. 본인들이 지지하는 후보가 공천 받은 경우 공천에 후한 점수를 준 반면에 지지하는 후보가 공천에서 배제된 경우에는 무 기준 공천이라 공관위를 깎아내렸다. 심지어 언론을 방패 삼아 특정 후보의 전위대를 자처하면서 흑색선전과 네거티브를 일삼는 기자들도 있었다.

도덕성 문제로 공천에서 배제된 입지자(立志者)들이 민주당 탈당 후 무소속 출마를 선언하자 '무소속 돌풍'이라 치켜세우며, 도당의 '혁신 공천' 자체를 잘못된 공천이라 단정하는 언론인들도 있었다. 정치에서 혁신과 개혁이란 변화가 얼마나 어려운 것인지를 몸소 체감하고 깨닫는 기간이었다.

전북의 지방선거에서 치열한 접전을 거쳤지만, 도덕성 문제가 있음에도 탈당해 무소속으로 출마한 후보들은 대부분 낙선했고, 청년 등 신인을 발굴해 공천한 민주당 후보들이 당선됐다. 도민들께서 민주당 전북도당의 변화와 혁신을 지지해 주신 결과였다.

공천이 끝나고 선거가 끝난 이후에도 근거 없는 소문은 끝나지 않았다. 공천에 불만을 가진 자들이 공천 과정에서 한 트럭 분의 돈을 받았다는 등 저자에 대한 끊임없는 음해성 소문과 비방을 만들어 냈다. 구태정치의 잔재라고 생각했다.

도덕성에 문제가 있음에도 탈당해서 출마를 거듭하고, 그런 후보를 위해 근거 없는 음해성 소문을 만들어 내는 이들이야말로 과거 양광원과 같은 철면피를 가진 이들일 것이다. 그러나 분명한 것은 열 겹, 백 겹, 천 겹의 철면(鐵面)으로 얼굴을 가려도 그 본질은 변하지 않는다는 사실이다. 철면피의 부정보다 철면어사 공정이 더욱 알려지는 세상이 오길 바란다.

친애하는 공무원 여러분께

더 나은 공직사회를 위해

대한민국 헌법 제7조 제1항에서 '공무원은 국민 전체에 대한 봉사자이며, 국민에 대하여 책임을 진다'라고 명시하고 있다. 국민의 삶의 질 향상과 국가 발전을 위해 공직자의 역할이 중요하기 때문에 헌법에서 규정하고 있는 것이다.

2023년 5월 4일 지역사무실에선 정읍시·고창군 공무원 노동조합과 정책간담회가 열렸다. 그날 간담회에서 정읍시·고창군 공무원 노조는 5월 1일 근로자의 날 휴무를 비롯해 공무원 노조 근무 시간 면제(타임오프)제도 관련해서 국회 차원의 협조를 요청해 왔다.

현행 근로기준법 및 근로자의 날 제정에 관한 법률에는 5월 1일 근로자의 날을 유급휴일로 지정하고 있다, 근로자의 날은 법정 공휴일이 아닌 '법정 휴일'이고, '근로기준법이 적용되는 사업장'으로만 그 대상이 한정되어 있어 한계가 있는 모순을 지적했다. 이에 근로기준법을 적용받지 못하는 120만 공무원 노동자는 근로자의 날에도 휴무가 아닌 정상 출근을 하는 차별을 받고 있다는 것이었다.

간담회 이후, 노조에서 받은 정책제안서를 보며 공직 생활할 때를 떠올렸다. 몇 년 전까지만 해도 저자 역시 120만 공무원 중 한 명이었다. 120만 공무원 그들은 나에게 동료이자 후배였다. 국회의원이 된 이후에도 마찬가지였다. 수많은 지역 현안을 해결하고 3년 연속 정부 예산신장률보다 높은 국비 예산을 확보할 수 있었던 것은 모두 불철주야 노력해 준 정읍시·고창군 공무원 덕분이었다.

그러나 우리 사회의 공무원에 대한 인식은 여전히 철밥통, 복지부동에 머물러 있다. 심지어 어떤 정치인들은 우리나라 공무원이 포화 수준이라며 공무원 수 30% 감축을 주장했다. 우리나라 공무원의 평균 급여가 1인당 GDP의 1.65배 수준이라며 독일과 프랑스가 각각 0.8배 정도 되는 것을 감안하면 2배나 더 받고 있으니 감축해야 한다는 것이다.

급여로 공무원 감축을 논하는 것은 지극히 편협한 생각이다. 공무원 감축과 규제, 급여 등은 자치단체별 기준인건비 산정 시 인구 외에 장애인 수, 외국인 수, 65세 이상 인구, 주간인구 등 10개 행정지표를 종합적으로 반영하여 결정된다. 헌법에 명시된 바와 같이 공무원은 국민에 대한 봉사자의 역할을 지니고 있기 때문이다.

공무원은 국민에 대한 봉사자이지만, 그렇다고 무조건적인 봉사자로서 의무만을 강요해서는 안 된다. 그에 걸맞은 처우도 분명히 필요하다. 국회의원이 된 2020년 가을 나는 '공무원의 노동조합 설립 및 운영에 관한 법률' 개정안을 대표 발의했다. 당시에는 국제노동기구(ILO, International Labour

Organization) 핵심 협약 비준이 매우 막중한 무게를 지닌 시급한 과제였다. 민주당의 일관된 약속이기도 했고 문재인 정부 국정과제이기도 했다. 국제노동기구의 핵심 협약인 '결사의 자유에 관한 협약'의 비준을 추진하면서 해당 협약에 부합하는 내용으로 공무원 노조법을 개정해야 했다.

당시 '공무원 노조법'은 5급 이상 공무원의 노동조합 가입을 금지하고 있어 국제노동기구로부터 군인, 경찰 등 공공의 안녕과 국가 안전보장에 관한 업무에 종사하는 공무원을 제외하고, 자신의 선택에 따라 노조 설립 및 가입할 권리를 완전하게 보장할 것을 지속적 권고받아 온 상황이었다. 이에 개정법률안에 국가 안전보장 업무 종사자 외 공무원들의 노조 설립 및 가입을 완전히 보장하고 국립대학 조교를 비롯한 퇴직공무원과 소방공무원, 교육공무원의 노동조합 가입을 허용해 공무원의 단결권 보장의 범위를 확대하는 내용을 담았다.

국제노동기구의 권고안 때문이라는 대의명분이 있었으나 나의 감회는 남달랐다. 공무원 노조가 강화되는 것은 저자의 동료이자 후배들이 부당한 업무지시나 업무 환경에서 보호받을 수 있고, 업무의 자립성이 높아지는 것을 의미하기 때문에 그 의미가 더욱 컸다.

2020년 말, 나는 '적극 행정 공무원 면책 여부 사전 검토법'을 대표 발의했다. 공무원들은 사회의 일반적인 이해와 인식보다는 훨씬 더 많은 다양한 업무를 소화하고 있다. 따라서 국가 발전을 역동적으로 추진하기 위해서는 '일하는 공직 사회', 아니 '소신껏 일하는 사회'로 변모가 꼭 이루어져야 했다. 이를 구현하기 위해서는 '공무원의 징계 의결 요구 시 공무원의 적극 행정 결과에 대해 고의 또는 중대한 과실이 없다고 인정되는지를 사전에 검토하도록 명시'하는 법적 장치가 필요했다.

당시 법은 공무원이 적극 행정을 추진한 결과에 대해 해당 공무원의 행위에 고의 또는 중대한 과실이 없다고 인정될 때는 징계 또는 징계 부가금 부과 의결을 하지 않도록 규정하고 있었다. 그러나, 이 같은 면책 규정에도 불구하고 징계 의결을 요구하는 과정에서 공무원의 적극 행정에 대한 고의 또는 중대한 과실이 없는지가 제대로 판단되지 않고 있었다.

또한, 공무원이 적극적으로 행정에 임한 결과로 문제가 발생하는 경우도 배상 등의 책임을 공무원 개인이 부담하는 사례도 있어 징계 의결 요구 시 적극 행정에 대한 면책 여부의 사전 확인을 반드시 명시적으로 규정해야 했다. 이는 공무원의 적극 행정이 공직사회에 뿌리내릴 수 있도록 개선하고자 함이었다. 국민 전체에 대한 봉사자인 공무원들이 국민을 위해 제대로 된 역할을 수행할 수 있도록 제도적 뒷받침으로 보강하고자 했다.

이듬해였다. 2021년 연말에는 '감사원 퇴직공직자 감사 업무 재취업 금지법'을 대표 발의했다. 이와 관련해 당시 법에서 4급 이상의 일반직 국가공무원을 비롯한 취업 심사대상자는 퇴직일로부터 3년 동안 취업 심사 대상 기관에 취업할수 없도록 규정하고 있었다. 퇴직 전 5년 동안 소속됐던 부서또는 기관의 업무와 취업 심사 대상 기관 사이에 밀접한 관련성이 없다는 공직자윤리위원회의 확인 또는 취업 승인을 받은 경우는 예외로 하고 있다.

그러나 감사원 퇴직공직자들이 피감기관 또는 유관기관의 감사업무 등에 재취업하는 사례가 계속해서 발생했다. 또, 공직자윤리위원회에서 취업제한에 대한 심사가 이뤄지고는 있었지만, 실제로 취업제한 판정은 극소수에 불과했다. 유명무실했다.

이에 취업 심사대상자가 퇴직 전 5년 동안 소속하였던 부서 또는 기관의 업무와 취업 심사 대상 기관 간 밀접한 관련성에 해당하는 업무 범위에 감사업무를 추가하도록 개정안을 발의하였다. 재취업 금지에서 가장 핵심적인 업무 영역에 감사업무가 포함되었어야 한다고 판단했다.

공무원이 바로 서야 나라가 바로 선다고 생각한다. 국민의 가장 가까운 곳에서 일하는 사람이 바로 공무원이기 때문이다. 공직사회가 건강해야 우리 사회가 건강해질 수 있다. 이것이 바로 능력 있는 공무원을 양성하고, 공무원을 보호하는 법률과 제도를 계속해서 보완해야 하는 이유다.

이러한 노력이 더 나은 공직사회를 만들고, 더 나은 우리 사회를 만드는 밑거름이 되길 바란다. 오늘도 국민을 위해 일한다는 자긍심 하나로 최선을 다하고 있을 동료 후배들을 온 마음으로 응원한다.

전 국민이 반대한다

후쿠시마 핵 오염수 해양투기

후쿠시마 핵 오염수 해양투기 문제로 전 국민이 소금을 사재던 시기. 정읍·고창지역위원회에서는 후쿠시마 오염수 해양투기 반대를 위한 서명운동을 시작했다. 거리에서 시작된 서명운동은 여느 서명운동과 달리 많은 주민이 자발적으로 참여해 높은 참여율을 보였다. 보통 서명운동에 적극적이지 않았던 이전을 생각해 보면, 후쿠시마 핵 오염수 해양투기에 국민적 불안감이 얼마나 높은지를 현장에서 느낄 수가 있었다.

"애들 생각해서라도 이거는 진짜 막아야지 안돼요."

"이걸 반대 안 하는 대통령은 대체 어느 나라 대통령이랍니까!"

"어민들은 이것 때문에 요즘 잠도 못 잡니다."

"지금 소금 사재는 것만 봐도 국민이 불안해서 이러는 것 아닙니까?"

이러한 국민의 불안감은 2023년 7월 1일 서울에서 열린 후쿠시마 오염수 해양투기 규탄 범국민대회에서 더욱 고조됐다. 전국의 국민과 당원이 참여한 이 대회의 분기(憤氣)는 그날 폭염만큼이나 뜨거웠다. 우리 정읍·고창지역위원회에서도 많은 당원이 상경해서 참여할 만큼 후쿠시마 핵 오염수 해양투기에 대한 불안감이 높았다. 실제로 후쿠시마 핵 오염수 해양투기에 대해서 국민 84%는 반대 의사를 표명했다. 그럼에도 윤석열 정부는 일본 정부의 대변인을 자처하고 있었다.

2023년 7월 3일 국제원자력기구(IAEA)가 일본 후쿠시마 핵 오염수 해양투기 계획이 안전기준에 부합한다는 '답정너' 격의 최종보고서를 발표했다. 이에 우리 정부는 기다렸다는 듯이 IAEA의 결정을 겸허히 수용한다고 반겼다. 이 보고서

(상) 범국민대회에서 고창 군민·당직자들과 함께
(하) 범국민대회에서 정읍 시민·당직자들과 함께

와 우리 정부의 반응으로 일본 정부는 해양투기의 시기를 앞당길 것이 불 보듯 뻔했다. 철저히 국민의 목소리를 무시하는 행위였다. 저자는 더불어민주당 원내부대표로서 정책조정회의 때마다 후쿠시마 오염수 해양투기 문제에 대해 발언했다.

핵 오염수 해양투기가 시작되면 태평양 바다는 물론, 해양 생태계가 핵 방사성 물질로 오염되는 것은 명백한 사실이었다. 바닷물로 아무리 희석해도 방사능 핵종은 사라지지 않는다. 오염된 바다에서 생산되는 수산물은 시일이 갈수록 핵 방사성 물질로 오염이 심해질 것이다. 바다에서 생계를 이어가는 어민들과 오염된 수산물을 섭취하는 국민이 입을 피해는 가늠도 불가능한 상황이었다. 이러한 총체적 재앙에 대처할 유일한 대책은 핵 오염수의 해양투기 저지였다.

그러나 8월 24일 일본 정부는 독단적으로 후쿠시마 핵 오염수 해양투기를 강행했다. 정부는 이전과 같이 후쿠시마 핵 오염수 해양투기를 묵인하고 안전하다고 강변하고 있을 뿐이었다. 나는 일본 정부의 후쿠시마 핵 오염수 해양투기에 대응하여 국민 안전을 지키고, 어민들의 피해를 지원하기 위해 6건의 법률 개정안을 대표 발의했다.

농수산물의 원산지 표시 등에 관한 법률, 대외무역법, 식품위생법, 농어업재해대책법, 재난 및 안전관리 기본법, 선박평형수(船舶平衡水) 관리법 등이 포함된 '후쿠시마 핵 오염수 해양투기 대응 6법'이 바로 그것이다.

농수산물의 원산지 표시 등에 관한 법률과 대외무역법 일부개정법률안은 국민의 건강 및 환경상 위해의 우려가 인정되거나, 방사능 오염수를 해양에 방류한 국가에서 생산·포획·가공 등을 한 농수산물과 그 가공품 또는 원산지 표시 대상 물품은 국가와 지역명을 모두 포함하여 표시하도록 해 국민의 알 권리를 보장하는 내용을 담았다.

식품위생법 일부개정법률안은 방사능 오염수를 해양에 방류한 국가에서 생산·채취·포획한 수산물 및 그 가공품에 대한 수입을 금지하고, 방사능 오염수의 해양 방류로 인하여 노출·오염된 식품 등이 국민의 건강 및 환경상 위해한 것으로 밝혀졌거나 위해의 우려가 있다고 인정되는 경우에도 수입을 금지할 수 있도록 법적 근거를 마련했다.

농어업재해대책법과 재난 및 안전관리 기본법 일부개정법률안의 경우, 일본 후쿠시마 핵 오염수 해양투기에 따른 방사능 오염 피해를 어업재해 및 사회재난으로 포함함으로써 방사능 오염으로부터 예상되는 어민 피해를 지원하도록 했다.

선박평형수(船舶平衡水) 관리법 일부개정법률안에서는 방사성 물질과 유독성 물질 등 강·호소(湖沼)·바다 등의 수역에 유입될 경우 자연환경·사람·재화 또는 수중생물의 다양성에 해로운 결과를 미치거나 장애가 되는 물질을 '유해 수중물질'로 규정하고, 이로 인한 수중생태계의 교란 또는 파괴 가능성을 평가하도록 한 법안이다.

국정감사에서도 국민 안전을 위한 노력은 계속됐다. 국정감사에서 일본산 수산물가공품에 대해서 문제를 제기했다. '후쿠시마산 수산물이 가공하면 아무런 규제 없이 우리 국내 수입이 가능한 상황'이었다. 수산물가공품의 원산지를 국가

단위로만 표현하고 있어 후쿠시마산 수산가공품도 그저 일본산이었다. 후쿠시마산 수산가공품이 아무런 제지 없이 유통되고 있던 것이다.

식품의약품안전처 등으로부터 제출받은 '2018년~2023년 7월까지 연도별 수산물가공품 수입 현황'에 따르면, 지난 2018년부터 올해 7월까지 일본에서 수입된 수산물가공품은 총 5,658건, 5,819톤이었다. 우리나라는 지난 2011년 동일본지진 이후 오염수로 인한 국민 안전을 위해 2013년 9월부터 일본 후쿠시마현을 비롯한 인근 8개 현의 모든 수산물을 수입금지하고 있다. 그러나 가공품은 달랐다. 그 지역 것인지 알 방도가 없었다.

수입을 금지하고 있는 일본 8개 현의 수산물가공품에 대해서는 별다른 규제 없이 국내로 들어오고 있었다. 실제 2018년 이후 일본 수산물 수입 금지에 해당하는 현의 수산물가공품은 754건이 수입되었으며, 그 규모만 무려 334톤이었다.

또한, 국내 온라인을 통해서도 일본 수입 금지 현의 수산물가공품을 쉽게 구매할 수 있었다. 특히, 해외직구 등의 방법으로 국내에 들어오는 경우 방사능 검사도 제대로 이뤄지지 않았다. 일본 수산물에 대한 수입 금지 조치에 구멍이 뚫려 있음에도 정부는 제대로 된 대책을 마련하지 못했다.

일본산 수산물 수입 금지 조치 이후 지금까지 후쿠시마현을 비롯한 14개 현에서 방사능 기준치를 초과하는 농·축·수산물이 2천여 건에 달했다. 특히 방사능 기준치를 넘어선 수산물이 200건으로 집계되면서 일본 내 농축수산물의 방사능 오염이 지속되고 있음이 드러났다.

일본 후생노동성에서 공개한 자료에 따르면 일본 8개 현의 수산물 수입을 금지한 2014년부터 지난 5월까지 일본 후쿠시마현 및 인근 14개 현의 농축수산물 2,358건이 방사능 기준치(세슘 100Bq/Kg 이하)를 초과했다.

특히 수산물 수입이 금지된 후쿠시마현을 비롯한 8개 현에서 방사능이 초과 검출된 농축수산물은 전체의 약 90%,

2,119건에 달했다. 한편, 일본 농림수산성 산하 수산청의 수산물 샘플링 검사 결과에 따르면, 2014년 이후 방사능 세슘 기준치를 초과하는 수산물이 200건에 달하는 것으로 파악됐다.

일본 정부와 IAEA는 후쿠시마 핵오염수를 바다에 방류하는 일에 있어 삼중수소 농도가 기준치보다 낮게 검출되는 점을 중심으로 안전성을 피력해왔다. 그러나 오염수 내에는 수많은 방사성 핵종이 존재하고 방사능 기준치를 초과하는 농축 수산물이 계속 검출되고 있었다.

진실이 드러날수록 결론은 하나였다. 당장 방류를 중단해야 한다. 당장 후쿠시마 핵오염수 해양투기 중단 일본 농수산물의 안전성에 대한 철저한 검증과 적극적인 대응에 반드시 나서야 할 때였다.

그러나 정부 관계자와 국민의힘 당직자와 당원들은 국내 수산업을 보호한다는 명분으로 삼삼오오 모여 술과 회를 주문해 먹었다. 어떤 경우에는 여당대표나 국무총리 등이 수산물 시장의 수조에 담긴 바닷물을 마시겠다며 오염수가 안전하다는 퍼포먼스를 벌였다. 이 사안에 대한 우리 사회의 진지한 사실 검증과 다양한 논의는 사라지고 오직 쇼만이 이어졌다.

전라북도 역시 후쿠시마 핵오염수 해양투기 피해에서 무관하지 않다. 일본 정부는 앞으로 30년간 해양 방류를 하겠다고 했으나, 원인이 되는 핵이 녹고 있고 핵 오염수는 계속 생기고 있다. 100년까지도 간다는 보고서가 나왔다.

혹자는 핵오염수를 냉각수와 비슷하다 하는데, 이는 틀렸다. 냉각수와는 질적으로 다르다. 완전하게 걸러져도 삼중수소가 나온다. 핵오염수는 실제 안전벽까지 무너진 상태에서 핵과 접촉해 나온 물이다. 설사 대단위로 희석하는 작업을 거쳤다 해도 계속 방류하다 보면 태평양 내 핵의 총량이 늘어나 핵에 오염된다. 우리는 지금 우리 국민과 수산업 이야기만을 하지만 더 큰 피해는 얼마든지 가능하다. 일본 내에서 방류에 반대해온 국민도 미국의 국민도 돌아 유럽 각국의 국민, 가까이 중국과 대만, 동남아의 국민 역시 다 피해자가 된다.

바다 생태계의 오염은 곧 전 인류의 피해가 될 것이다.

우리나라의 헌법 제35조 제1항에 따르면, '모든 국민은 건강하고 쾌적한 환경에서 생활할 권리를 가지며, 국가와 국민은 환경보전을 위하여 노력하여야 한다.'라고 명시되어 있다.

정부는 전 국민이 반대하는 후쿠시마 핵오염수 해양투기를 지금이라도 저지해야 한다. 일본 농수산물의 안전성에 대한 철저한 검증과 적극적인 대응에 반드시 나서야 한다. 그것이 국가와 국민을 지키고 환경을 보전하는 유일한 길이기 때문이다.

삭감과 삭발의 의미

새만금 예산 삭감

'신체발부(身體髮膚)는 수지부모(受之父母)하니 불감훼상(不敢毀傷)이 효지시야(孝之始也)요.' 효경(孝經)에 실린 이 구절은 부모에게서 물려받은 몸을 소중히 여기는 것이 효도의 시작이라는 말이다.

유교적 전통이 강한 우리 사회는 예로부터 부모님께 물려받은 터럭 하나까지도 소중히 간수하는 것을 중요시했다. 일본이 조선을 식민지로 만들며 내렸던 단발령(斷髮令)에 대해 선비들이 차라리 목을 내줄지언정 부모로부터 받은 머리카락은 자를 수 없다고 버텼던 이유다.

정치권에서 삭발은 단식 투쟁과 함께 야당이 정부·여당에 맞설 수 있는 최후 수단으로 꼽힌다. 원하는 목표를 이루지 못하더라도 '시각적 효과' 때문에 정치인이 결기와 존재감을 과시하기 위해 활용해 왔다.

올해 시작은 지난 3월 윤재갑 의원이 후쿠시마 원전 오염수 투기에 반대하며 삭발을 감행하면서부터였다. 이어 지난 4월에는 윤석열 대통령의 양곡관리법 거부권 행사가 유력시되자 규탄대회를 열고 농해수위원들이 삭발에 동참했다.

전북 정치권에서도 정부가 내년도 새만금 사회간접자본(SOC) 예산을 5,000억 원 이상 삭감하자 '삭발 투쟁'이 이어졌다. 새만금 예산삭감의 시작은 제25회 세계스카우트잼버리 파행이었다.

2023년 8월 1일 개최된 '제25회 세계스카우트 잼버리'는 윤석열 정부의 무능과 남 탓이 집약된 결정판이었다. 같은 해 3월 한국스카우트연맹 명예총재로 추대된 윤 대통령은 새만금에서 개최되는 잼버리를 대통령으로서 전폭 지지하기로 약속했다. 그리고 지난 8월 2일 잼버리 개영식에 김건희 여사와 함께 스카우트 행사에서 최고의 예우인 '장문례'를 받으며 입장했다. 그래 놓고도 잼버리 대회의 준비 부실 등 각종 논란이 일자 대통령실은 "준비 기간은 문재인 정부 때였다. 전 정부에서 5년 동안 준비한 것"이라고 강변했다.

국민의힘 인사들은 "잼버리는 전북도가 주관한 것", "정부를 일방적으로 비난한다면 앞으로 지방자치의 미래는 없다"는 식의 협박성 발언도 서슴지 않으며 상실감과 허탈감으로 가득한 전북도민의 가슴에 비수를 꽂았다.

돈의 쓰임새를 보면 책임의 소재가 보인다. 잼버리에 쓰인 전체예산 1,171억 원 가운데 전 정부에서 사용된 2021년 이전까지의 예산은 13.3%인 156억 원에 불과하다. 나머지는 윤석열 정부가 집권한 2022년에 394억 원, 올해 617억 원이 각각 집행됐다. 또한 전체예산 중 약 74%인 870억 원을 조직

위원회 등 중앙 정부가 집행했으며, 전북도는 단지 22.6%인 265억 원을 집행했다.

지난해 국정감사에서 잼버리 대회의 성공적 개최를 호언장담한 인물 또한 현 정부의 김현숙 여가부 장관이었다. 이처럼 투입예산과 예산 집행의 주체 그 어느 것을 본다 해도 잼버리 파행의 주된 책임이 중앙 정부에 있음은 명백하다. 이 행사의 파행을 전라북도에 묻는 것은 누가 보아도 과장된 왜곡이다.

이런 과정에서 전라북도가 잼버리를 새만금의 SOC, 사회간접 시설의 사업예산을 타내기 위한 수단으로 이용했다는 주장까지 등장했다. 이는 매우 악질적인 관점이었다. 지역감정을 부추겨 또다시 전라북도를 소외시키려는 시도였다.

새만금 개발은 지난 1987년 노태우 전 대통령 공약으로 세상에 나왔다. 이후 36년 동안 모든 대통령이 빠른 개발을 약속했지만 지켜지지 않았다. 무엇보다 새만금 관련 SOC의 적극 투자를 약속한 당사자는 윤석열 대통령이다. 윤석열 대통령은 선거 후보 시절 전북을 5차례나 찾았고 "임기 내에 새만금 사업을 완료하겠다."고 약속했다.

새만금 개발은 국책사업이며 현 정부의 공약사항이기도 하다. 새만금 기본계획 반영은 물론 새만금위원회 결정에 포함된 계획임에도 잼버리 파행을 빌미로 예산을 삭감하는 것은 용납할 수 없는 일이다.

2023년 9월 7일과 12일엔 각각 국회와 세종시 기획재정부 앞에서 저자를 포함해 도내 민주당 지역위원장 9명이 삭발 투쟁에 가세했다. 전북도의원의 경우 현재까지 전체 39명 중 23명(59%)이 머리를 깎았다.

또한 국회 행정안전위원회 국정감사가 열린 10월 24일 전북도청 국감장 앞에서는 전북도의원 30여 명이 '새만금을 살려내라', '전북 홀대 규탄한다'라고 적힌 적힌 손팻말을 든 채 새만금 예산 복원을 촉구하는 침묵시위를 했다. 도의원 절반은 이른바 '까까머리'였다.

국회에서 열린 새만금 사업 정상화를 위한 전북인 총궐기대회

이러한 삭발 투쟁에 대해 "사라져야 할 구시대 유물"이라고 비판하는 분들도 있다. 그러나 삭발만큼 잘못된 결정에 항거하거나 분노의 강도를 표현하는 수단도 드물다.

저자 역시 40년 만에 삭발을 했다. 그동안 익숙했던 머리 모양을 버리고 중고 시절의 머리로 돌아간 것이다. 이는 금번 삭발 투쟁에 동참한 모두가 마찬가지겠지만, 저자에게도 전라북도인으로서의 분노, 항거의 표현이자 새로운 결기

새만금을
살려내라

40년만의 삭발

의 다짐이었다. 정의와 상식을 위해 싸우겠다는 표현이었으며, 전라북도의 위상을 지키겠다는 선언이었다. 머리를 자르면서 국회 단계에서 새만금 SOC 예산을 반드시 복원하겠다는 새로운 각오를 다졌으며, 의지를 굳건히 하는 계기가 됐다.

출근 인사 중 새만금 예산 복원 촉구 홍보

삭발을 통해 다짐했던 내용을 만들어낼 시간이 왔다. 국정감사 기간인 지난 10월 18일에 저자는 국주영 전북도의장 및 전북지역 국회의원들과 함께 홍익표 민주당 원내대표와 면담한 뒤 입장문을 전달했다. "새만금 SOC 예산 복원 없는 예산심사 불가 입장을 당론으로 채택해 달라"는 도민들의 간절한 호소를 전했다.

또한 국정감사를 통해 새만금 사업예산 대폭 삭감의 잘 못된 점들을 지적하고 시정을 촉구했다. 농해수위 국정감사를 통해 농생명용지 조성, 농업용수 공급, 가력선착장 확장 등 새만금 내부개발 사업예산 삭감 문제에 대해서도 지적했다.

국회 예산심의에 맞춰서는 새만금 사업 정상화를 위한 전북인 총궐기대회가 열렸다. 전북도민과 출향인 등 5천여 명이 국회에서 새만금 사업과 예산 정상화를 촉구했다. 전북도민의 분노와 결기를 확인할 수 있는 자리였다.

공이 국회로 넘어왔다. 분노와 결기의 표현, 저항의 의미로 시작된 삭발이지만 도민들의 기대에 미진한 결과가 나올 경우 '쇼'로 혹평받을 일이었다. 저자와 지역 국회의원들 모두 원팀을 이뤄 국회에서 새만금 SOC 예산 복원을 이루어 내기 위해 최선을 다하고 있다. 이 책이 출간될 즈음에는 우리의 노력이 헛되지 않았음을 보여주고 싶다.

큰 힘에는 큰 책임이 따른다

10·29 이태원 참사

　'큰 힘에는 큰 책임이 따른다.' 영화 스파이더맨의 명대사로 유명해진 이 말은 무책임이 난무하는 현재의 우리 사회에 필요한 말이라고 생각한다. 2022년 10월 29일. 서울 이태원에서 일어나선 안 될 참사(慘事)가 발생했다. 서울 한복판에서 159명의 소중한 생명이 목숨을 잃은 것이다.

　이태원 참사는 조금만 관심과 주의를 기울였더라면 충분히 막을 수 있었던 인재(人災)였다. 2014년 세월호 참사 이후 국민의 생명과 안전을 지키기 위해 공직자의 자세 재정립과 입법적 개선조치, 대응 매뉴얼 정비 등에 많은 노력을 기울여왔지만 세월호 참사에서 보였던 보수 정권의 안일한 모습은 이태원 참사에서도 여실히 드러났다.

참사가 발생하자 대통령은 '주최자가 없는 행사' 운운하고, 행안부장관은 '우려할 정도로 많은 인파가 아니었다.', '경찰과 소방 인력을 미리 배치해 해결될 문제가 아니었다.' 등 면피성 발언으로 일관했다. 게다가 총리는 외신과의 기자회견에서 농담에 웃음까지 보였고, 경찰청장은 참사의 책임을 파출소 등 현장 경찰에게 떠넘기는 등 꼬리 자르기에 나서는 모습을 보였다. 과연 국정 운영의 책임자들이 맞는지 의아할 정도의 무책임한 행동들이었다.

많은 인원이 운집하는 축제나 행사에 대해서는 주최의 유무에 관계없이 소방·경찰·지자체 등이 안전대책을 마련해 만일의 사태에 대비하는 것은 행정의 기본이다. 2002년 월드컵 당시에도 시민들은 자발적으로 월드컵 거리응원에 참석했다. 그 당시 저자는 서울시월드컵교통대책 책임자로서 지하철역

에스컬레이터 시간당 운송능력을 검토하고 지하철 출입구 인근 도로의 혼잡상황까지 점검하면서 필요한 경우 지하철의 무정차를 통해서 인원을 분산시키는 등 안전관리를 하였다.

그런데 이번 참사의 경우에는 매년 10월 말에 이태원 헬러윈데이 행사 대비 안전계획을 마련하기 위해 용산구청이 주최하는 '민관합동 회의'를 하지 않았다. '민관합동연석회의'가 아니라, '관계기관 간담회'가 열렸고 구청장과 경찰서장은 참석조차 하지 않았다. 더구나 안전을 책임질 경비과장, 교통과장이 아닌 마약과 범죄수사를 담당하는 형사과장과 여성청소년과장이 참여했을 뿐이다.

참사 발생 전후 경찰과 정부의 대응 또한 어처구니없는 무능 그 자체였다. 경찰의 대처는 안이했고, 지휘부 보고체계는 뒤죽박죽이었다. 공개된 112 신고 녹취록에 따르면 첫 번째 신고는 참사 4시간 전인 29일 오후 6시 34분에 이뤄졌고 사고 발생 4분 전까지 무려 11차례의 전화 신고가 있었다. 신고에 '압사'와 '대형사고'라는 경고가 연이었지만 경찰은 무대응과 묵묵부답이었다.

이러한 112 신고 부실 대응 이외에도 윤석열 정부의 이태원 참사에 대한 무능 증거는 안일한 경찰 인력 배치, 늑장 보고, 민간 사찰 등 차고 넘친다. 그런데도 참사의 원인이 제도의 미비 때문인 것처럼 치부했다. 비겁한 변명이었다. 제도를 만드는 사람들이 제도의 미비를 탓하는 것은 목수가 연장을 탓하는 것과 뭐가 다르단 말인가.

희생자들에 대한 예우도 너무 소홀했다. 윤석열 정부는 북풍놀이를 위해 아무런 공적도 없고 오히려 범죄 혐의로 수사를 받아야 할 서해 피격 공무원에게는 해수부장(葬)을 결정하고, '순직' 처리까지 일사천리로 해놓았다. 그런데 이태원 참사에 대해선 '참사'를 '사고'로 축소하고, 희생자들은 '희생자'가 아닌 '사망자'로 사실상 폄훼하면서 사회장을 검토조차 하지 않았다. 게다가 행안부는 지자체에 '근조'라는 추모 의미도 쓰지 못하도록 검은 리본을 달도록 요청했다.

이태원 참사가 윤석열 정권의 총체적 무능으로 인한 인재임이 속속 드러났다. 희생자의 유족들과 생존자들은 정부를 믿지 못하겠다며 책임 규명을 요구했다. 정부와 경찰 보고

체계가 정상 작동하지 못한 원인, 부실·늑장대응으로 참사를 막지 못한 책임 소재를 명확히 규명할 것을 요구해 왔다.

정부가 해야 할 당연한 일을 희생자의 유가족이 요구하는 상황이다. 하루빨리 철저한 원인 규명으로 책임자에 대한 단죄와 재발방지대책을 마련해야 한다. 그것이야말로 참사로 희생된 분들의 넋을 위로하고 유가족을 달래줄 유일한 방법이기 때문이다.

이태원참사 국정조사 특검추진 서명운동

이태원 참사 이후 정읍·고창에서는 이태원 참사 국정조사, 특검추진을 위한 서명 운동이 벌어졌다. 반복된 참사에 많은 시민분이 안타까움을 금치 못하며 서명에 참여해주셨다. 나는 정읍·고창 주민 여러분의 마음에 동참하며 '다중밀집 인파사고'를 '사회재난' 예시의 한 종류로 명시하여 이에 대한 정부의 책임을 강화하도록 하는 내용의 '재난 및 안전관리 기본법 개정안'을 대표발의했다. 정부의 책임 전가를 방지하고 정부의 재난대응 책임을 보다 명확히 하기 위해서였다.

벌써 참사가 일어난 지 1년이 지났다. 1년이 지난 지금도 참사에 책임을 진 사람은 아무도 없다. 현재 '이태원 참사 특별법'은 참사 발생 300일을 넘겨 지난 8월 31일, 국회 행정안전위원회를 통과했다. 독립적인 진상규명을 위한 특별조사위원회 운영, 희생자 명예회복과 추모, 피해자 회복을 지원할 법적 근거를 담았다. 그러나 본회의 등 신속처리절차를 거쳐야 입법이 가능한 상황이다. 갈 길이 멀지만, 반드시 가야 할 길이다. 국민안전은 국가의 기본 책무이며, 국가는 국민을 위해 존재할 뿐이기 때문이다. '큰 힘에는 큰 책임이 따른다'는 것을 정부가 부디 잊지 않길 바란다.

전북의 미래 성장판

전북이 나아가야 할 길

"소위 중진 의원이라는 그분들이 전북을 위해 한 게 뭐가 있습니까?"

2023년 10월 10일 전라북도의회에서 기자간담회 중 한 기자가 질문했다. 세계스카우트잼버리 대회 파행 책임과 새만금 예산 대폭 삭감에 대해 도내 국회의원들이 중량감이 떨어진다는 지적이 있는데 어떻게 생각하냐는 질문이었다.

그 질문에 나는 도리어 묻고 싶었다. 소위 본인들이 말하는 '중진 의원'으로서 그들이 전북도민들의 지지를 바탕으로 한 것이 무엇이 있는지 말이다. 선거를 앞두고 분위기를 조성하려는 의도가 다분한 그 말이 내겐 지극히 노회한 정치꾼들의 얕은수로 보였다.

전북이 위기에 처했을 때 그 위기를 극복하기 위해 힘을 합쳐도 모자랄 판에 자칭 '중진 의원'이라는 자들은 호시탐탐 기회를 노리고 자리를 꿰찰 궁리만 하는 것 같았다. 현직 의원들은 삭발 투쟁까지 감행하며 새만금 예산삭감을 위해 고군분투하고 있는 것에 비하면, 그들의 행동은 '중진(重鎭)'과는 거리가 멀어 보였다.

'약무호남 시무국가(若無湖南 是無國家)'.

호남이 없었다면 나라도 없었을 것이라는 충무공 이순신 장군의 글귀는 과거 전북을 비롯한 호남의 위상을 상징하는 대표적인 표현이다.

전북을 중심으로 한 호남은 농업이 중심이던 시절 한반

도를 아우르는 곡창지대로 기능했다. 그러나, 전북은 수도권·대도시 중심의 산업구조 고도화 정책에서 소외되면서 농업에서 제조업으로의 경제구조 개편에 실패했고, 이로 인한 지역 경기침체와 급격한 인구감소 등으로 위상이 크게 위축되었다.

실제, 1960년대 전북은 약 300만 명이 거주하는 풍요로운 고장이었으나, 현재의 전북 인구는 180만 명도 무너져 175만이다. 또한, 전북 GRDP(지역 내 총생산)는 18년 기준 50조 5,950억 원으로 우리나라 총생산량의 2.7%에 불과하며, 우리나라 전체 인구 대비 전북 인구 비율(3.5%)보다도 낮은 실정이다. 수도권·대도시 중심의 불균형 발전 패러다임이 지속되면, 기울어진 운동장 속에서 전북의 옛 위상 회복과 경쟁력 강화는 기대와 달리 멀어지게 된다. 이것이 전북이 당면한 현실이었다.

이런 상황에서 전북은 새만금 사업예산 7,389억 원 중 무려 75%에 달하는 5,528억 원이 삭감됐다. 세계스카우트 잼버리 대회의 파행을 전북과 새만금에 전가하려는 정부의 노골적인 예산 학살이자 폭거였다. 의미 없는 입씨름을 하고 있을 때가 아니었다.

하루빨리 새만금 예산을 복원하고, 전북의 중흥을 위해 움직여야 할 때였다. 전북의 중흥을 위해, 당장의 새만금 예산을 위해서 총력을 다하고, 이후엔 전북 발전을 위한 새로운 판을 만들어야 한다. 무엇보다 그 판을 만들 수 있는 환경이 다가오고 있는 만큼 변화를 제대로 읽어 위기를 기회로 바꾸어야 할 때였다.

현재 전 세계적으로 발생하고 있는 기후 위기로 인해 사람들의 생활방식이 변하고, 이제 경제의 중심축도 굴뚝산업에서 4차산업과 친환경산업으로 옮겨가고 있다. 코로나19는 이를 더욱 가속화했다. 우리나라 산업생태계의 패러다임이 저탄소·친환경 재생에너지를 중심으로 이동하고 있다. 정부 역시 이러한 기조에 발맞춰 국가발전 전략으로서 그린뉴딜을 핵심사업으로 추진하고 있다.

전북도 시대적 흐름에 앞서기 위해서 탈탄소·해상풍력·

수소·태양광 등 그린뉴딜의 메카로 발돋움할 수 있는 환경을 만들어 나가야 한다. 실제로 고창과 부안은 2028년까지 2.4GW 규모의 해상풍력을 완공한다는 계획하에 '서남권 해상풍력단지'를 조성하고 있다. 특히 문재인 대통령은 그린뉴딜 정책 발표 후 첫 현장 행보로서 지난 7월 해상풍력단지를 찾은 바 있는 만큼 전북이 해양풍력 선두주자로서 자리매김해야 한다.

전북은 수소 분야와 태양광 분야의 기반도 착실하게 다져나가고 있다. 지난 2019년 전주·완주가 수소시범도시로 선정됐고, 수소차 생산 기업들과 R&D연구기관들도 집적화되어 있다. 이와 함께 군산과 새만금은 태양광산업의 중심지로서 재생에너지 클러스터 조성에 집중하고 있다. 전북이 수소 시대의 연료인 클린수소의 생산기지가 되어야 한다.

전북이 산업적·환경적 전환기를 맞아 우위를 점할 수 있는 분야들을 중심으로 선점에 나선다면, 전북의 백년지대계(百年之大計)를 이끌 주춧돌을 놓을 수 있다. 그린뉴딜을 통한 새로운 대전환으로 전북의 밝은 미래를 만들고, 전국 각지에서 역할을 하고 있는 400만 전북인들의 우호적인 협조가 더해진다면, 우리 전북은 새로운 중흥기를 맞이할 수 있게 될 것이다.

제5장

새로운
변화의 시작

해결은
변화를 불러옵니다

정읍·고창의 새로운 변화

내일이 더 기대되는 정읍·고창

2023년 1월. '정읍·고창의 해결사, 새로운 변화의 씨앗을 뿌렸다!'를 주제로 의정 보고회를 열고 정읍·고창 주민들께 그간의 의정활동과 성과를 보고했다. 지난 3년 동안 정읍·고창의 묵은 숙원과제를 모두 해결하고, 정부 예산신장률보다 높은 국비 사업예산 확보, 그리고 정치꾼이 아닌 정치인이 되겠다는 약속을 지키고자 최선을 다했음을 말씀드렸다.

3년이 지난 지금. 저자가 정읍·고창 주민 여러분께 자신

(상) 의정보고회
(하) 의정보고회 중 민원청취

있게 말할 수 있는 것은 지난 시간 동안 묵은 숙원과제를 해결하며 정읍·고창을 일구고, 새로운 변화를 가져올 좋은 씨앗을 뿌렸다는 점이다. 이제 그 씨앗의 싹을 틔워 키워내 정읍·고창에 가져올 변화를 소개하고자 한다.

정읍시민의 20년의 꿈이었던 내장저수지 국립공원 보호구역이 해제되고, 많은 분이 이후 소식을 궁금해하신다. 내장저수지 국립공원 보호구역 해제는 20년의 묵은 현안 과제를 해결했다는 점에도 그 의의가 크지만, 정읍의 사계절 체류형 관광산업의 서막을 열었다는 점에서도 의의가 있다.

앞으로 정읍은 사계절 체류형 관광지로 거듭날 것이다. 내장산과 정읍 일대를 사계절 체류형 관광지로 바꾼다는 큰 그림은 그려졌다. 내장저수지와 생태공원·문화광장·국민연금공단연수원 일대를 중앙축, 내장사와 내장상가·관광호텔 일대를 동부축, 용산호·내장CC·전북은행연수원 일대를 남부축, 정읍시내를 서부축으로 설정하여 정읍 관광권을 확장시켰다.

이 축을 따라 먹거리·잘거리·볼거리·체험 거리를 발굴해 서로 연계하여 '내장호 주변 종합발전계획 수립용역' 결과에 담았다. 이를 기초로 공원구역에서 해제된 내장저수지의 물그릇을 키우기 위해 그 안에 인공섬을 조성하는 일, 둘레길을 정비하는 일, 유지 조성에 대해서도 한국농어촌공사 정읍지사와의 협의까지 다 마쳐두었다.

이를 토대로 내장저수지 주변 정읍시 토탈랜드 조성사업, 내장상가 정비, 내장리조트단지 숙박시설 건축, 국가생태관광지 추진 등 관광 인프라를 종합적으로 갖추기 위해 도시계획 변경 등 행정절차를 밟고 있다. 정읍이 단풍철뿐만 아니라 사계절 찾아오고 싶고, 살고 싶은 도시로 탈바꿈되는 것이다. 이러한 변화는 지역경제를 뒷받침하여 생활인구나 관계인구 확보에 도움이 될 것이다.

또한, 정읍은 머지않아 이름을 하나 더 얻게 될 것이다. 바로 '호남제약의 중심지'라는 이름이다. 정읍은 전북대 정읍 캠퍼스 내의 제약산업 미래인력 양성센터를 중심으로 제약연구소와 제약업체가 첨단의료복합단지에 입주해 호남의 제약 중심지 역할을 하게 될 것이다. 전북대 정읍 캠퍼스를 비롯해 제약산업 미래인력 양성센터, 제약연구소와 제약업체가 입주하면 많은 인구의 유입이 생길 것이다.

정읍에 많은 인구가 유입되면 도심의 역할이 커진다. 도시재생이 필요한 이유이기도 하다. 경찰서와 우체국 등의 이전부지와 연지 시장, 정읍역 광장 등을 포함한 도심의 도시재생이 시행되어야 하고 성공적으로 시행되면 정읍 도심 또한 자연히 활기를 띠게 될 것이다.

또 하나의 큰 그림은 '동진강 회복 프로젝트'다. 동진강을 정비해 치수와 이수 기능뿐만 아니라 친수공간으로서 '파크골프장'과 같은 생활체육 시설도 더 확대한다. 2023년 9월 '파크골프장'의 추가 조성 관련하여 진행 상황을 확인하고 협의를 마쳤으며, 36홀 규모의 '파크골프장'을 조성할 수 있는 정읍천의 친수공간을 답사했다. 억새꽃이 나부끼는 가을 들녘에서 우리 정읍이 새롭게 떠오르고 있는 생활체육 '파크골프의 성지'가 되는 꿈을 꾸었다.

이러한 변화에는 교통 인프라의 뒷받침이 중요하다. 저자는 우리 정읍과 고창뿐 아니라 서울 및 수도권을 제외한 지역의 교통 정책을 어떻게 잘 설계하느냐에 따라 우리나라의 미래가 결정된다고 생각해왔다. 앞으로 신태인과 정읍을 연결하는 701번 지방도와 북면과 칠보를 연결하는 708번 지방도가 정비되고, 새만금과 남원을 잇는 동서 국도 개통과 광주와 대구를 직통으로 연결하는 달빛철도가 개통되면 우리 지역의 교통 인프라가 더욱 견실해질 것이다.

고창은 서해안 관광 축의 핵심 중심지로 곧 부상할 것이다. 그 시작은 고창군민의 30년 숙원과제였던, 고창과 부안을 잇는 노을대교 건설이 될 것이다. 노을대교가 개통되고 인근에 심원종합테마타운이 조성되면 고창은 연평균 일천만이 찾는 명실상부 서해안 관광 축의 핵심이자 중심지로 거듭날 것이다. 사람이 많이 찾는 관광지가 되면 자연히 지역경제는 활성화될 것이며, 농어촌이 가진 인구감소 문제가 해소될 것이다. 새만금, 고창, 목포로 이어지는 서해안 고속철도 사업은 그런 고창의 미래를 더욱 앞당길 것이다.

무엇보다 고창의 변화에서 중요한 것은 청정 고창을 지키기 위한 노력이다. 환경 오염 유발 기업의 입주를 막은 고창신활력산업단지에는 친환경 기업들이 입주해 지역경제를 뒷받침하게 될 것이다. 그 시작은 세계 초일류 기업인 삼성전자다. 고창신활력산업단지에 입주한 삼성전자는 3,000억 원을 투자해 호남권 최대 규모의 물류센터를 조성할 것이다. 삼성전자가 완공되면 지역 인재의 채용이 가시화될 것이며, 이는 지역경제 활성화로 이어질 것이다.

　　고창군 성내면에 조성될 호남권 드론 통합지원센터에는 연간 많은 교육생과 수험생이 방문하게 될 것이며, 그 주변으론 드론산업 관련 기업들이 입주하게 된다. 이어 해상풍력의 재생에너지와 연계된 알이백(RE100) 산업단지가 조성되면 재생에너지를 활용한 기업 또한 많이 유치되면서 고창에 새로운 일자리가 많이 생길 것이다.

　　고창에서도 도시재생은 계속된다. 도시재생 혁신지구 국가시범사업이 바로 그것이다. 폐업 위기였던 고창터미널을 50년 만에 고창군이 인수해 고창군 직영 공간으로 바꾸었다.

앞으로 터미널 일대가 바뀐다. 오래된 터미널은 청년문화복합공간을 결합한 대규모 주상복합 건물로 거듭나 청년과 청소년들을 위한 터전이 된다. 낡았던 도심이 새롭게 바뀌며 고창에 새로운 활기를 불어넣을 것이다.

지금 이 순간에도 정읍·고창에는 많은 변화가 일어나고 있다. 정읍에는 '저선량 엑스레이 제조업체 오톰'이 정읍 첨단산업단지에 91억 투자를 결정했다. 오톰은 차폐시설 없이도 촬영이 가능한 의료용 엑스레이 장비를 생산하는 회사다. 오톰은 첨단과학산업단지 내 1만3599.7㎡(약 4,114평) 부지에 91억을 투자하고 50여 명의 신규 인력을 채용해 생산시설을 갖출 계획이다. 올해 설계가 완료되면 내년부터 공장 신축과 함께 제품 생산을 본격화할 것이다.

그뿐이 아니다. 과실 채소 가공 및 저장 처리업체인 '과수이제'는 정읍 '소성식품특화농공단지'에 98억 신규투자를 확정했다. 총 4,860평 부지에 98억 원을 투자하고 50여 명의 신규 인력을 채용해 컵 과일, 과일주스 등의 생산시설을 갖출 것이다. 투자 기간은 올해 시작해서 내년에 마무리하고 바로 제품 생산이 본격화할 예정이다.

고창군은 2023년 6월 농식품부에서 주관하는 '농촌협약 사업' 대상지로 최종 선정되며 사업비 589억 원을 확보하였다. 이 사업은 농식품부가 농촌생활권 활성화를 위해 다양한 농촌 주체가 직접 지역 문제를 진단하고 이를 해결하기 위한 사업으로 농촌 지역에 5년간 589억 원을 투입하는 사업이다.

고창군은 금년 12월까지 농식품부와 협의를 통해 농촌생활권 활성화 계획을 확정한 후 2024년부터 2028년까지 5년간 농촌중심지 활성화, 기초생활 중심지 조성, 마을 만들기 사업을 추진하게 된다. 고창군은 '농촌 지역 종합발전패키지' 프로그램인 '농촌협약 사업'을 통해 고창군 13개 면에 부족한 생활서비스 시설을 확충한다. 이를 기반으로 농촌 공간의 현명한 활용을 통해 다양한 농촌 문제점을 해소해 나갈 것이다.

이제 변화는 시작되었다. 좋은 씨앗이 싹을 틔워 좋은 결실을 볼 일만이 남았다. 지금까지 노력이 우리 지역을 얼마나 새롭게 변모시킬지 나 역시 기대가 된다. 우리 지역에 찾아올 새로운 변화가 정읍시민과 고창군민의 삶의 질을 높이고, 지역발전의 토대가 되는 열매로 영글어가는 과정을 함께 만들어가고자 한다.

우리 농촌의 내일

블루오션이 될 농어촌

"앞으로는 농어촌이 블루오션이 될 것입니다."

농어촌의 미래를 묻는 기자의 물음에 저자가 답하자 기자가 의아한 표정을 지었다. '농어촌이 무슨 블루오션이 된다는 말인가'. '블루오션의 뜻을 잘못 알고 있는 게 아닌가' 하는 표정이었다. 설명이 필요한 듯 보이는 그의 얼굴에 내가 입을 뗐다.

"일정한 시간이 지나면 공간이 자본이 되고, 돈이 되는 시기가 올 것입니다. 우리 농어촌은 도시보다 많은 공간을 가지고 있습니다. 그러니 머지않아 농어촌이 블루오션이 되는 날이 오지 않겠습니까?"

태양광 발전시설만 해도 그렇다. 태양광 발전설비를 설치하기 위해선 공간이 필요한데, 농어촌은 이 설치 공간을 제공하면서 제법 쏠쏠한 수입을 거두고 있다. 사람들이 농어촌을 떠나게 되는 가장 큰 이유는 소득 창출이 어려워서다. 그러나 농어촌에서 소득을 얻을 수 있는 구조가 생기면, 줄어드는 농촌인구가 일정 선에서 굳어지면서 농촌과 도시가 공존하는 시대가 올 것이라 본다.

저자가 생각하는 앞으로의 농촌의 모습은 이렇다. 현재 면 단위에는 평균적으로 마을이 약 40개가량 있다. 이것을 장기적 전망 등을 바탕으로 7~8개의 거점 마을로 재편해야 한다. 거점 마을에는 공동체적인 기능부터 의료 기능, 학교 기능을 갖추고, 나머지 공간은 태양광과 같은 소득원으로 재편해야 한다. 농업에 종사해도 나름대로 경쟁력이 있는 수준이 되지만 비농업 소득도 충분히 창출해낼 수 있는 여건을 만들어낸다면 금상첨화다.

이것이 내가 농어촌이 블루오션으로서 가치가 있다고 보는 이유다. 물론 아직 농어촌에도 많은 숙제가 남아 있다. 농촌에 인구가 유입되기 위해선 소득 문제뿐만 아니라 생활 여건과 주거 환경, 의료 체계, 교통체계 등 우리가 살 수 있는 기본적인 인프라가 잘 뒷받침돼야 한다.

현재의 농촌은 도시와는 완전 다른 형태로 바뀌고 있다. 우리의 도시는 사람이 모이면서 그 수요에 의해 여러 시설이 형성되는 데 반해 농촌은 이러한 수요가 줄어들면서 기존의 시설마저 문을 닫는 악순환이 이루어져 왔다. 그중에서도 가장 심각한 것은 의료서비스다. 의료서비스가 민영화된 상황에서 사업이 안 되니까 농촌을 떠난다. 공공의료 영역에서 의료를 뒷받침해 줘야 하는데 이 역할을 할 기관은 지역 보건진료소다. 이 보건소가 제대로 가동되고 기능을 하려면 의사가 있어야 하는데 의사가 없는 상황이다. 돈을 많이 준다고 해도 의사가 오지 않고 있다.

현재 주어진 여건에서 지역 보건의료 전달 체계를 만들기 위해선 주민들의 생명과 안전을 지킬 수 있는지를 최우선으로 생각해야 한다. 이들 기관이 제대로 된 기능을 담보할 수 있도록 기관의 통폐합이 이뤄질 수 있도록 해야 한다. 또의사가 없는 경우에는 응급 의료를 실행할 수 있도록 보완 시스템이 마련되어야 한다. 농촌을 찾는 의사 인력의 양성 문제는 조속히 논의해야 할 과제다. 지역 보건의료 체제는 보건소와 보건지소의 기능적 통합으로 지역 보건의료의 역할을 유기적으로 담보할 수 있어야 한다.

교통도 마찬가지다. 도시는 사람이 몰리는 지역이기 때문에 지하철을 늘리고 배차 간격도 줄여달라는 민원이 나온다. 반대로 농촌은 사람이 떠나면서 다니던 버스가 수요가 없어 적자가 되고, 적자 때문에 배차 간격이 줄고, 이로 인해 이용이 불편해지면서 이용을 덜 하는 악순환에 처했다. 농어촌 교통에 대해서는 근본적인 재점검이 필요하다. 도시 교통과 같은 모델로는 농촌 교통을 뒷받침할 수 없다. 처음부터 새롭게 설계해야 한다.

디지털 등 정보통신기술을 이용해 출발점에서 목적지까지 이동할 수요를 파악하고 개인 맞춤형으로 교통수단을 제공하는 방식이 사람이 많이 몰릴 것으로 예상되는 구간으로 대중교통을 투입하는 것보다 저렴할 수 있다. 이런 교통 시스템의 설계는 공공이 담당해야 한다. 농촌에서는 그런 혜택이 없다. 평등의 문제도 있다. 도시는 65세 이상 어르신들에 무임승차를 해주는데 농촌도 헌법적 권리인 이동권과 교통권 등을 보장할 수 있도록 공공에서 제도 마련을 해줘야 한다.

앞서 언급한 것들 외에도 무엇보다 가장 중요한 것은 인식의 전환과 이를 이끌어낼 수 있는 우리의 사회경제적 환경의 변화다. '농어촌은 사람 살기 어렵다'는 의식들이 변화할 수 있도록 정치가 제도와 예산, 입법으로 도와줘야 한다. 이것은 단순히 농촌에만 국한된 문제가 아닌 국민의 행복추구권, 행복할 수 있는 권리를 보장하는 일의 문제이기 때문이다. 공존의 세상을 위해 이러한 논의와 정책 등 내용을 만들어내는 것이 우리의 과제다.

이동의 자유

농어촌 주민 등의 이동권 보장, 버스의 시대에서 택시의 시대로

저자가 처음으로 이동의 자유를 느낀 것은 초등학교 5학년 즈음이었다. 입암면 촌놈으로 살던 저자가 경시대회를 나가기 위해 처음으로 버스를 타고 정읍 읍내에 나간 것이다. 어렸던 저자는 경시대회보다 정읍 읍내에 나간다는 그 자체만으로 들떴던 기억이 난다. 이렇듯 이동은 인간에게 귀중한 경험을 선사하기도 하고, 일상을 영위하게 하는 수단이 되기도 한다.

국민의 이동권은 정부가 보장해야 하는 헌법상 기본권 중 하나다. 그러나 최근 지방 중소도시 및 농어촌 지역은 인구감소와 고령화로 인해 교통 수요가 현저히 감소하면서 농어촌 주민들의 이동권 보장이 어려워진 상황이다.

농어촌 지역의 교통 수요의 감소는 버스회사의 적자로 이어지고, 버스회사의 적자는 배차감축 인한 이용자 불편으로 이어진다. 이러한 악순환 끝에 농어촌 주민들은 이동권을 보장받지 못하게 되는 것이다.

농어촌에서 대중교통 이용이 힘들어지면 주민들은 이동의 불편을 겪게 되고, 자가용을 이용할 수 없는 고령의 어르신들은 시장을 가고, 병원을 가고, 목욕탕을 가는 최소한의 일상생활조차 할 수 없게 된다.

문제는 수도권 및 대도시의 경우 지하철 확충 및 운영에 막대한 국가재원이 투입되는 반면에, 농어촌·도서·벽지에는 국가재원 투입이 미약하고 65세 이상의 어르신에게 무임승차가 허용되는 도시철도조차 전무하여 이동권 보장 수준이

갈수록 악화되는 것이다.

이에 저자는 200호 법안으로 2023년 2월 15일 '농어촌 주민 등의 이동권 보장에 관한 법률안'을 대표 발의했다. 이 법률안에서는 대중교통시설의 공급이 원활하지 못해 주민들의 일상적인 이동에 제약이 발생하는 지역을 대중교통소외지역으로 지정·고시하도록 했다.

또 도시철도가 운행되지 않는 대중교통소외지역에서 교통수단을 이용하는 65세 이상 어르신들의 교통요금은 무임으로 하며, 면제된 운임비용의 100분의 60 이상을 정부가 부담하도록 규정하는 내용을 담았다.

수도권 및 대도시 집중 현상을 완화하고 국토 균형발전을 뒷받침하기 위해서는 농어촌·도서·벽지 지역에 의료·교육 등과 함께 기본적인 교통서비스가 제공되어야 하기 때문이다. 이 법률안은 대중교통 소외지역 주민들의 이동권을 보장하고, 새로운 교통제도와 교통시스템을 구축하는 입법적 토대를 마련하는데 의미가 있었다.

2023년 2월 21일 국회의원회관에서는 농어촌 주민 등의 이동권 보장에 관한 법률 제정을 위한 정책 토론회가 열렸다. 대한교통학회와 저자가 공동으로 주최한 이번 토론회는 붕괴된 농어촌의 교통체계를 새로운 교통체계 패러다임으로 전환을 목표로 준비한 토론회였다. 지역주민 여러분과 전문가를 모시고 농어촌 교통체계를 새로 하기 위한 다양한 방안을 모색했다.

앞으로 농어촌의 교통체계는 이전과 달라야 한다. 디지털 등 정보통신기술을 활용해 새로운 교통체계를 구축해야 한다고 생각한다. 실제로 서울시청에서 '올빼미 버스'를 도입할 때, 빅데이터를 활용하여 적절한 노선을 찾아 효율적으로 운영했던 경험이 있다. 올해 초 경기도에서는 경기교통공사가 입주 초기 새 도시나 농어촌 지역 등 버스 운행이 드문 지역주민들을 위해 수요응답형 버스(DRT)와 연계된 통합 앱 '똑타'를 출시했다.

이용자의 실시간 호출에 따라 승차지점과 경로를 유동적으로 변경하는 합승기반 서비스는 현재의 농어촌에도 필요한 서비스라고 생각한다. 버스의 시대에서 택시의 시대로 재편된다. 이처럼 최신 기술을 활용하는 방안이 요금을 할인하고 교통편을 증설하는 방안보다 더욱 근본적인 농어촌 교통체계 문제를 해결하는 방안이 될 것이다.

농어촌도 헌법적 권리인 이동권과 교통권 등을 보장받을 수 있도록 공공에서 제도 마련을 해줘야 한다. 농어촌의 이동권 보장은 농어촌 주민의 생활문제뿐만 아니라 국가균형발전에도 반드시 필요한 정책이기 때문이다.

더 나은 세상을 위한 노력

탄소중립사회 도래

우리나라는 봄, 여름, 가을, 겨울 사계절이 뚜렷한 나라였다. 과거형이 된 이유는 최근 기후변화로 인해 이 사계절의 경계가 희미해졌기 때문이다. 사람으로 비유하면 날씨는 기분, 기후는 성격이라고 한다.

날씨는 기분처럼 좋았다가 나빴다가 할 수 있지만, 기후인 성격이 갑자기 변하면 그것은 문제가 된다. 그런데 최근 전 세계에서 이 기후변화가 심상치가 않다. 나라마다 전례 없던 폭염과 폭우, 폭설이 잦아졌으며 이상고온과 이상저온 현상도 나타나고 있다.

이대로라면 2050년에는 군산시와 부안군 대부분이 바닷물에 잠기게 된다. 허튼소리 같지만, 지금처럼 이산화탄소와 메탄 같은 온실가스를 계속 배출해 지구의 온도가 섭씨 1.5℃ 이상 상승하게 되면 현실이 될 수 있다. 이제 기후 위기는 우리의 생존을 위협하는 문제가 된 것이다.

세계 각국은 기후 위기에 공동으로 대응하고자 힘을 모으고 있다. 우리나라도 2020년 '2050 탄소 중립'을 선언하고 동참했다. 탄소중립기본법도 국회를 통과한 후 2021년 9월 24일 국무회의를 거쳐 공포됐다. 우리나라는 세계 14번째로 '2050 탄소중립'을 국가 비전으로 명시하고 이행체계를 법제화한 국가가 됐다.

그러나 아직도 많은 사람이 '탄소중립'이란 말의 의미조차 모르고 있는 것이 현실이다. 탄소중립은 말 그대로 지구의 온도를 높이는 온실가스를 배출한 만큼을 흡수하는 대책을 세워 실질적인 배출량을 0(Zero)으로 만드는 것이다. 우리나라의 경우 2018년 기준 온실가스 배출량 7억 2,760만 톤을 2050년 0으로 만들어야 한다. 이를 위해서는 국민 모두가 변화의 고통을 감내해야 한다. 특히 석탄을 줄이는 에너지전환, 철강·화학 등의 산업 분야에 변화가 도드라질 것이다.

다행히 고통을 줄일 수 있는 분야도 있다. 산림, 초지, 농업, 습지 등은 온실가스를 흡수한다. 산업부문들에서 탄소배출원을 줄이는 것만큼이나 탄소흡수원을 제대로 확보하는 것은 매우 중요하다. 따라서 농·산촌의 흡수원 역할을 강화하는 데 정책의 초점을 맞출 필요가 있다.

탄소흡수원 확보 노력이 국제적 온실가스 통계로 공인을 받을 수 있도록 명확한 측정과 검증작업도 필요하다. 산림경영률이 높아야 온실가스 계산에서 유리한데 우리나라는 53%에 불과하다. 과거 산림사업을 진행하고도 자료를 만들지 않아서 손해를 보는 셈이다. 새로 나무를 심지 않아도 데이터만 잘 정리하면 탄소흡수원을 늘려 보고할 수 있는 것이다. 따라서 신뢰할 수 있는 자료를 만드는 데 주목해야 한다.

농촌에 있는 농경지와 초지 같은 탄소흡수원을 확대하는 것에도 관심을 기울여야 한다. 농업은 온실가스 배출과 흡수가 모두 가능한 분야로 탄소 중립 사회 달성을 위한 핵심 산업으로서 잠재력이 있다. 최근에는 농사 과정에서 탄소를 흡수해 토양에 가두는 '탄소 농업'도 확산하고 있다. 우리도 친환경 생산체계 구축과 탄소 생태농업으로의 전환, 선택형 직불제 개편을 통한 보상 확대가 필요하다.

지금까지 산업계 내 유일한 탄소흡수원인 농림업에 대한 가치 인식과 역할 대응이 미흡했다. 기후변화의 가장 큰 피해자인 농민과 농촌 주민들도 온실가스 흡수원으로 당당히 역할을 할 수 있다는 것을 자각하고 더욱 능동적으로 대응하는 자세가 요구된다. 앞으로 농업정책은 농민과 농촌 주민이 기후 위기에 대응하는 탄소 중립의 첨병 역할을 할 수 있도록 재설계 되어야 한다.

농림업이 그 역할을 다하기 위해선 그 전에 환경이 보전되어야 한다. 이에 저자는 2021년 '습지보전법 일부 개정법률안'을 발의했다. 이 법안에는 국가와 지자체가 습지를 통합적으로 관리하도록 법률로써 의무를 부여해 습지 생태계를 안정적으로 유지하고 생물 다양성의 증진 및 보전에 기여하도록 하는 내용이 담겨있다.

현행법은 습지와 습지의 생물 다양성을 보전하는 데 목적을 두고 있으나, 습지에 대한 관심이 여전히 생태계 자연의 가치 보전보다는 경제적 이익의 관점에서 벗어나지 못하고 있다는 지적이 있었다. 아울러 과거 매립과 간척 이후 가치가 상실돼 훼손, 방치, 오염돼 있는 습지를 복원하여 생태계 기능을 회복시키고, 지속가능한 생물 다양성 유지와 습지의 우수한 자연경관을 보호할 필요성이 계속해서 요구되었다.

이에 개정안은 국가 및 지방자치단체 책무에 습지의 생태계와 생물 다양성이 보전될 수 있도록 통합적으로 관리할 의무를 명시하였다. 이로 인해 습지의 자연생태계 가치 보전을 위한 노력을 강화하도록 하기 위함이었다. 보전 가치가 높은 습지를 보호하는 것은 이제 선택이 아닌 책임이자 의무, 시대적 소명이자 과제다.

또 하나 대표 발의한 법안은 '자동차 관리법 개정안'이다. 이 법안은 2035년부터 시·도지사가 내연기관을 사용한 자동차의 신규등록을 거부하도록 함으로써 실질적이고 적극적인 온실가스 감축을 통해 탄소 중립 사회로의 이행을 촉진하기 위한 방안으로 발의하였다.

최근 그 가속도를 높이며 진행되고 있는 지구온난화와 그로 인한 자연재해를 넘어선 재앙은 온실가스 감축을 위한 적극적이고 현실적인 대응방안 마련을 절실히 요구하고 있다. 그리고 지난 135년간 자동차가 내뿜은 온실가스는 '기후·환경 위기 가속화'라는 치명적인 부메랑이 되어 돌아와 인류가 시급히 해결해야 할 공동 대응 과제가 되었다.

우리나라 전체 온실가스 배출량 중 육지수송 부문이 차지하는 비중은 약 12%다. 2050년까지 온실가스의 순 배출량이 제로가 되는 탄소 중립을 달성하기 위해서는 내연기관 자동차의 운행을 제한할 필요가 분명했다. 이에 2035년부터 시·도지사가 내연기관을 사용한 자동차의 신규등록을 거부하도록 하는 다소 엄격한 내용을 담게 된 것이었다. 이는 탄소 중립 사회로의 이행을 촉진하고 공공의 복리 증진에 기여하리라는 확신이 있었다.

　사람의 성격이 좀처럼 바뀌기 힘들 듯, 이미 변해버린 기후를 돌려놓기까지는 많은 고통이 수반될 것이다. 그럼에도 기후 위기 문제는 더 이상 미룰 수도 미뤄서도 안 되는 일이다. 기후 위기 문제는 이제는 미래가 아닌 지금 당장 우리의 일이기 때문이다.

'같이'의 가치

같은 시대를 사는 이웃으로

국내 외국인 비중이 처음으로 인구의 5%를 넘어서며, 2024년에는 아시아 최초로 다문화·다인종 국가가 된다는 전망이 나왔다. '외국인 인구 5%'는 인구·통계학계와 국제기구 등에서 통용되는 다인종·다문화 국가의 기준이다. 이는 외국인 근로자를 먼저 받아들인 일본(2.38%)보다 훨씬 **빠른** 속도라고 한다.

무릇 **빠른** 변화에는 **빠른** 제도가 뒷받침되어야 한다고 생각한다. 실제로 심각한 저출산과 고령화로 농어촌과 중소기업은 계절 노동자를 받지 않으면 일손 부족 문제가 심각해지고, 지방 대학들은 외국인 유학생을 받지 않으면 유지가 어려운 실정이다. 다문화·다인종 시대에 맞춰 우리도 하루빨리 외국인 정책을 재정비해야 한다. 저자는 의정활동 내내 외국인 근로자 정책을 개선하여 농촌 일손 부족 문제를 해결하기 위해 노력해왔다.

'가을 메[杵]는 부지깽이도 덤벙인다'라는 말이 있다. 메는 절굿공이나 방망이를 이르는 말로, 가을에는 추수로 일이 많다 보니 사람은 물론 부엌 도구마저도 덤벙일 만큼 농사가 바쁘다는 뜻이다. 과거나 지금이나 농촌은 늘 일손 부족에 시달렸다. 최근에는 농가 인구가 빠르게 감소 되고 급격히 고령화되면서 그 상황이 더욱 심각해졌다.

정부는 부족한 농·어업 분야 인력 문제 해결을 위해 다양한 정책을 펼치고 있는데, 그중 하나가 2015년에 도입된 '외국인 계절 근로자제도'다. 외국인 근로자가 단기 취업(C-4) 비자를 받아 최대 90일까지 우리나라 농촌에서 일할 수 있게 허용한 제도이다. 이 '계절 근로자제도'를 통해 입국한 외국인 근로자는 2015년 19명에서 2019년 47개 지자체 3,612명까지 증가했다. 또 사용자가 고용 허가를 받아 국외에서 외국인 근로자를 직접 모집하거나 지방자치단체 등을 통해 모집하는 '고용허가제' 역시 운영되고 있다. 2019년 기준 고용허가제를 통해 농업 부문에 일하는 외국인 수는 총 31,378명이었다. 실제 지역의 들녘에서 만나는 주민들은 "외국인 근로자가 아니면 농사를 지을 수 없다" 했다. 의존도가 높아진 것이다.

코로나19가 유행하면서는 고용허가제와 계절근로자제를 통한 외국인 근로자의 입국이 지연되거나 철회되면서 일손 부족이 더욱 심각해졌고, 이는 인건비 상승의 요인이 되었다. 농어민들에게 심각한 부담이었다. 인건비는 거의 배 이상도 올랐는데 외국인 근로자 확보도 어려워진 농업인들의 허망함마저 느꼈다.

정부가 농촌인력 수급과 관련된 정책들을 마련하고 있음에도 문제는 계속 악화되었다. 정책 틀과 사고를 근본적으로 재검토해야 할 필요가 있다는 신호였다. 특히 농업 현장에서는 미등록 외국인 근로자가 공식 통계로 잡힌 숫자보다 훨씬 많다는 연구보고에 주목해야 한다. 한국농촌경제연구원의 발간 논문에 따르면 미등록 외국인 근로자를 고용한 사례가 조사대상의 91%에 달했다. 이 숫자는 농업 부문의 미등록 외국인 근로자 고용 규모를 제대로 파악하여 농어업 부문 외국인 근로자에 대한 정책 틀을 새롭게 전환해야 함을 의미했다.

기회가 닿을 때마다 개선의 필요성을 촉구해온 결과 2021년 '외국인 계절근로자 체류기간'이 기존 5개월에서 8개월로 확대되었다. 일손 부족 문제에는 단비 같은 일이었으나 근본적인 문제 해결에는 아직 넘어야 할 산이 많았다.

이제 단기적으로는 감염병 확산 등 외부 충격에 대응할 수 있는 농촌인력의 선제대응 방안을 마련해야 한다. 외국인 계절근로자 체류 기간 연장이나 해외 자매결연 도시와 노동 인력협약을 체결하는 대안도 검토해야 하지만 무엇보다 농어업 부문의 고용 현황 실태조사를 매년 시행해서 제대로 현황을 파악하는 것이 필요하다.

중장기적으로는 농·어업 분야의 내국인 유입에 한계가 있음을 인정하고 외국인 근로자 정책의 단계적 전환을 추진해야 한다. 연중 고용을 전제로 하는 축산업이나 시설원예업 등은 고용허가제로 운영하고, 농번기가 있는 품목별 고용은 계절 근로자로 통합하는 방안도 검토할 필요가 있다.

과감하게 '이민정책'으로의 전환도 고민할 때가 되었다. 청년 일자리 정책의 하나로 농번기 농촌인력지원도 검토해야 한다. 농번기에 농촌 일손을 돕는 데 동참하는 청년들에게 소정의 수당을 지급해 동참을 유도하면 좋겠다.

국내 농·어업 분야, 농어촌 경제에 중요한 축으로 자리 잡은 외국인 근로자들에 대한 전향적 인식과 태도 변화는 꼭 필요하다. 같이 사는 이웃으로, 우리의 힘이 아니 서로의 힘이 될 수 있는 법과 제도의 지원이 절실한 것이다. 우리 모두의 지혜를 모을 때다.

이 문제 역시 제도적 뒷받침과 더불어 이들을 우리 사회의 구성원, 이웃이라 인식하는 의식의 변화가 필연적으로 뒤

따라야 한다. 이민정책과 고용 및 노동정책과 밀접히 연결되어 있기 때문이다. 더 많은 논의와 경험이 이 문제에 관한 더 나은 답을 제시해주리라 생각한다. 같은 시대를 사는 이웃으로 서로를 위한 방법을 고심할 때다.

—

맺음말

해결사의 약속

3년 전 약속했다.

정치꾼이 아닌 정치인으로서 정읍·고창의 묵은 숙원과
제 해결하고, 정부 예산신장률보다 높은 국비예산을 확보하
겠노라고. 그리고 3년이 지난 지금 그 약속을 지켰다.

숙원과제 해결이 정읍·고창 주민들께 해갈(解渴)이 되길
바랐다. 메마른 땅을 적시는 단비처럼, 목마른 자의 목을 축
이는 물처럼. 주민들의 걱정과 불편을 없애주길 바랐다.

이제 정읍·고창 주민 여러분께 해결을 넘어 변화를 약속 드리고자 한다. 지난 시간 동안 정읍·고창에 뿌려놓은 좋은 씨앗을 싹을 틔워 좋은 결실을 만들고자 한다. 이 결실을 위해서는 아직도 해야 할 일이 많이 남아 있다.

우선 지역경제를 뒷받침할 수 있는 사계절 체류형 관광산업을 육성해 먹거리, 잘거리, 볼거리, 체험거리, 치유거리를 해결해야 한다. 정읍에는 제약산업 미래인력 양성센터를 중심으로 제약연구소와 제약업체를 첨단의료복합단지에 입주시켜 호남의 제약 중심지 역할을 수행하게 만들고, 동진강을 정비해 치수, 이수 기능뿐만 아니라 친수공간 제공으로 파크 골프장 등 생활체육시설을 확대할 것이다. 또한 경찰서, 연지시장, 정읍역 광장 등을 포함한 정읍 도심의 도시재생과 우체국, 경찰서 등의 이전부지 확보를 성공적으로 시행해 정읍 도심이 활기를 띠고 사람이 찾는 명소를 만들어 나갈 것이다.

고창은 서해안철도 사업 시행과 노을대교 개통, 심원 종합테마타운의 조성으로 1천만이 찾는 서해안 관광 축의 중심지로 부상시키고, 삼성전자 완공 후 지역인재 채용 기회를 늘려 양질의 일자리 제공으로 지역경제를 뒷받침하게 할 것이다. 성내의 호남권 드론 통합지원센터 주변에 드론기업들을 입주시켜 드론 생산기지로서의 역할을 수행하며, 해상풍력의 재생에너지와 연계된 알이백(RE100) 산업단지 조성으로 더 많은 일자리를 제공하고자 한다. 또한 고창터미널을 중심으로 한 도시재생 혁신지구 국가시범사업을 완공시켜 청소년들이 고창에 활기를 불어넣을 수 있도록 만들어 나갈 것이다.

아무리 좋은 씨앗이라도, 씨앗이 오래 방치되면 싹을 틔우지 못하고 썩는다. 정책도 마찬가지다. 정책을 추진하려는 의지가 없거나 추진할 능력이 부족하면 그것이 아무리 좋은 정책이라 할지라도 결과를 내지 못할 것이다. 정읍·고창에 뿌려진 씨앗을 제대로 싹을 틔워 정읍·고창 발전의 좋은 결실을 만들어내려면 운전병의 의지와 능력, 그리고 주민들의 관심이 필요하다. 앞으로도 정읍·고창에 뿌린 씨앗의 싹을 틔우기 위해 '해결하는 정치', '변화하는 정치'를 멈추지 않을 것이다. 정읍·고창의 풍요로운 결실을 가져올 그 길에 정읍·고창 주민 여러분이 함께해주시길 바란다.

해결사 **윤준병**의
해결하는 **정치**
"해결하는 정치가 좋은 정치입니다!"

1판 1쇄 인쇄 2023년 12월 13일
1판 1쇄 발행 2023년 12월 27일

지은이 윤준병
펴낸이 김영곤
펴낸곳 (주)북이십일 21세기북스

TF팀 이사 신승철
TF팀 이종배
출판마케팅영업본부장 한충희
마케팅1팀 남정한 한경화 김신우 강효원
출판영업팀 최명열 김다운 김도연
제작팀 이영민 권경민
디자인 다함미디어 | 함성주 유예지

출판등록 2000년 5월 6일 제406-2003-061호
주소 (10881) 경기도 파주시 회동길 201(문발동)
대표전화 031-955-2100 **팩스** 031-955-2151 **이메일** book21@book21.co.kr

ISBN 979-11-7117-325-9 03300

(주)북이십일 경계를 허무는 콘텐츠 리더

21세기북스 채널에서 도서 정보와 다양한 영상자료, 이벤트를 만나세요!
페이스북 facebook.com/jiinpill21 포스트 post.naver.com/21c_editors
인스타그램 instagram.com/jiinpill21 홈페이지 www.book21.com
유튜브 youtube.com/book21pub